LE ROI

DE

CARREAU

OPÉRA-COMIQUE EN TROIS ACTES

PAR MM.

EUGÈNE LETERRIER & ALBERT VANLOO

MUSIQUE DE M.

THÉODORE DE LAJARTE

PARIS

TRESSE, ÉDITEUR

GALERIE DU THÉATRE-FRANÇAIS, PALAIS-ROYAL

1883

LE
ROI DE CARREAU

OPÉRA-COMIQUE EN TROIS ACTES

Représenté pour la première fois, à Paris, sur le théâtre des Nouveautés,
le 25 octobre 1883.

— DIRECTION BRASSEUR —

LE
ROI DE CARREAU

OPÉRA-COMIQUE EN TROIS ACTES

PAROLES DE MM.

EUGÈNE LETERRIER & ALBERT VANLOO

MUSIQUE DE M.

THÉODORE DE LAJARTE

PARIS

TRESSE, ÉDITEUR

8, 9, 10, 11, GALERIE DU THÉATRE-FRANÇAIS

PALAIS-ROYAL

1884

Droits de reproduction et de traduction réservés.

PERSONNAGES

LA ROCHE-TRUMEAU	MM.	BRASSEUR.
TIRECHAPPE		BERTHELIER.
AGÉNOR DE LA CERISAIE		VAUTHIER.
MISTIGRIS		ALBERT BRASSEUR.
LE DUC DE LA CERISAIE		TONY-RIOM.
MALBRANCHU		SCIPION.
GIGOLET		CHARVET.
QUATREBRAS		LAURET.
SIMPLICE		DUBOIS.
BENOIT		BLANCHE.
UN OFFICIER		PROSPER.
BENVENUTA	MMmes	VAILLANT-COUTURIER.
LUCINDE		MILY-MEYER.
MAGUELONNE		DUCOURET.
FLORA		NORETTE.
MATHURINE		VARENNE.
GILONNE		MARCELLE.

SEIGNEURS, BOURGEOIS, TRUANDS, RIBAUDES, PAGES, HALLEBARDIERS
SOLDATS, ETC.

La scène se passe à Paris, sous Charles IX.

———

Costumes dessinés par M. DRANER, décors de M. ROBECCHI.
La partition éditée par BRANDUS ET CIE, 103, rue de Richelieu.

LE
ROI DE CARREAU

ACTE PREMIER

La berge de la Seine, au-dessous du Pont-au-Change. — A droite,
sur le fleuve, une sorte d'embarcadère avec une cloche attachée à
un poteau. — A gauche, vieilles maisons à pans et à piliers de
bois, avec balcons et auvents. — Une de ces maisons, au premier
plan, porte cette enseigne : CABARET DE LA POMME DE PIN.
Ensuite, du même côté, l'entrée d'une petite rue. — Plus loin, les
premières marches d'un escalier qui se perd dans la coulisse et est
censé monter vers le Pont, que l'on aperçoit au fond avec les vieilles
maisons qui l'occupent en partie. — Une des arches du Pont, celle
qui donne sur la berge, est praticable.

SCÈNE PREMIÈRE

TRUANDS, puis MALBRANCHU, GIGOLET, QUATREBRAS.

INTRODUCTION.

Il fait nuit. — Quelques lumières aux maisons du Pont-au-Change. —
Une lanterne rouge à l'embarcadère. — Tout le premier étage du
cabaret de *la Pomme de Pin* brillamment éclairé, le reste dans l'ombre. — On aperçoit des truands rôdant au premier plan, à droite et
à gauche, sous l'arche du Pont, à l'entrée de la petite rue et au bas
des marches de l'escalier du fond.

CHOEUR DES TRUANDS.

Quand Paris est sans bruit,
Francs mitous, tire-laine
Cherchant une aubaine,
Sont rois de la nuit!
Quand Paris est sans bruit,
Quand le ciel est bien sombre,
Les truands dans l'ombre
Rôdent à minuit!

Les truands se sont disséminés au fond. — Malbranchu arrive de gauche, croisant Gigolet, qui vient de droite.

MALBRANCHU.

Est-ce toi, Gigolet?

GIGOLET.

Oui, c'est moi, c'est moi-même!
Est-ce toi, Malbranchu?

MALBRANCHU.

C'est bien moi, parlons bas!

QUATREBRAS, arrivant de droite.

Et maintenant, voici près de vous le troisième,
Le célèbre, l'illustre et le seul Quatrebras!

TOUS LES TROIS.

A nous trouver ici, le plaisir est extrême!
Quel trio! Malbranchu, Gigolet, Quatrebras!

TRIO AVEC CHOEURS.

MALBRANCHU, GIGOLET, QUATREBRAS.

Pour trousser gaîment une bonne affaire,
La main dans la main, le bras sous le bras,
Oui, Gigolet, Malbranchu, Quatrebras,
Sont trois bons lurons comme on n'en voit guère,
Oui, Gigolet, Malbranchu, Quatrebras,
Sont trois bons lurons comme on n'en voit pas!

MALBRANCHU.

Eh bien? la nuit est-elle bonne?
Les affaires vont-elles bien?

GIGOLET.

Hélas! je n'ai vu personne!

QUATREBRAS.

Et moi je n'ai rencontré rien!

MALBRANCHU.

Rien?

GIGOLET.

Rien!

QUATREBRAS.

Rien!

MALBRANCHU.

Ah! mes amis, mauvaise affaire!
Notre métier devient bien dur!
Pour les voleurs plus rien à faire :
    Paris est trop sûr!
Notre métier devient bien dur!

TOUS LES TROIS.

Paris est trop sûr!
Notre métier devient bien dur!

CHŒUR DES SEIGNEURS, dans le cabaret.

Mes amis, chantons!
Vive la jeunesse!
Mes amis, buvons!
Fi de la sagesse!
Fêtons et chantons le divin Bacchus!
Célébrons la blonde Vénus!
Mes amis, chantons!
Vive la jeunesse!
Mes amis, buvons!
Fi de la sagesse!
Tant qu'on aimera:
Heureux l'on sera!

Les truands ont reparu, regardant avec convoitise du côté du cabaret.

GIGOLET.

Écoutez! là-haut on festoie!

Mes amis, quelle pure joie,
Si, de tous ces seigneurs qui mènent si bon train,
Il en pouvait tomber un seul sous notre main!

ENSEMBLE.

La poche bien pleine,
Le gousset garni,
Quelle riche aubaine
S'ils venaient ici!
Pour nous quelle fête!
De leur bel argent,
Faire la cueillette
En leur répétant...

MALBRANCHU, GIGOLET et QUATREBRAS.

Pour trousser gaiment une bonne affaire,
La main dans la main, le bras sous le bras,
Oui, Gigolet, Malbranchu, Quatrebras,
Sont trois bons lurons comme on n'en voit guère!
Oui, Gigolet, Malbranchu, Quatrebras,
Sont trois bons lurons comme on n'en voit pas!
Quel trio! Gigolet, Malbranchu, Quatrebras!

REPRISE DU CHŒUR DES TRUANDS.

Quand Paris est sans bruit,
    Etc.

CHŒUR DES SEIGNEURS, dans le cabaret.

Vive la jeunesse!
    Etc.

Les truands disparaissent un par un. — Malbranchu, Gigolet et
Quatrebras sont restés les derniers. — La musique s'arrête.

GIGOLET, regardant au fond.

Alerte! Quelqu'un!...

QUATREBRAS, de même.

Un jeune seigneur qui se dirige de ce côté.

MALBRANCHU.

C'est notre bon sire Satan qui nous l'envoie!

Ils se dissimulent au fond sous l'arche du pont.

SCÈNE II

AGÉNOR, MALBRANCHU, GIGOLET, QUATREBRAS, cachés
puis DES TRUANDS.

AGÉNOR, entrant du fond à gauche.

Ouf! m'y voici. Le cabaret de *la Pomme de Pin*, sur le
port aux Œufs, au bas du Pont-au-Change... Pardieu ! je
le connais pour y avoir fait plus d'une fine partie!...
Quand je pense qu'en ce moment mon brave homme de
père me cherche dans tout Paris!... Et pourquoi?... Pour
me marier!... Comme si j'étais du bois dont on fait les
maris... Voilà quinze jours que je lui ai faussé compagnie
et ce n'est pas ici qu'il viendra me trouver... (Bruit de rires
dans le cabaret.) Oh! oh! les camarades sont gais... Je ne
suis pas en avance... le jeu doit être commencé depuis
longtemps...? Je vais encore une fois tenter fortune; nous
verrons si la malechance continuera à me poursuivre...
(Cherchant dans sa poche.) Où en est ma bourse?

GIGOLET, bas, aux autres.

Sa bourse!

QUATREBRAS.

O Providence!

Ils se sont tous trois rapprochés.

AGÉNOR, qui a tiré sa bourse.

Elle est assez piètrement garnie... mais si le hasard me
favorise... Allons...

Il se dirige vers la porte du cabaret.

MALBRANCHU.

Attention!...

QUATREBRAS.

C'est le moment. (Il se place entre la porte et Agénor.) Messire, la charité...

AGÉNOR.

Hein?... Qu'est-ce que c'est que ce monstre-là? Va-t'en!

GIGOLET, s'avançant à son tour.

Ayez pitié d'un pauvre père de famille qui n'a pas mangé depuis quinze jours.

AGÉNOR.

Veux-tu me laisser tranquille?

MALBRANCHU, même jeu.

N'oubliez pas un malheureux infirme, perclus de douleurs, obligé de passer la nuit à la belle étoile...

AGÉNOR.

Encore!...

TOUS LES TROIS.

Messire, la charité!...

GIGOLET.

Ça vous portera bonheur.

MALBRANCHU.

Nous ne vous oublierons pas dans nos prières.

AGÉNOR, agacé.

Ah çà! voulez-vous me laisser tranquille?

TOUS LES TROIS, avec insistance.

La charité!... la charité!...

AGÉNOR, se mettant en colère et les repoussant.

Allons, drôles! au large!...

MALBRANCHU, se redressant.

Si nous voulons!...

GIGOLET, même jeu.

Si ça nous fait plaisir!...

AGÉNOR.

Ah mais! savez-vous à qui vous parlez?... Au comte Agénor de la Cérisaie, qui n'a jamais eu peur de personne et qui ne craint pas trois coquins de votre espèce.

QUATREBRAS, faisant le moulinet avec son bâton.

Nous ne te craignons pas non plus...

MALBRANCHU, la main sur son épée.

Et tu vas nous donner ta bourse.

AGÉNOR.

Ma bourse!... Ah! pardieu non! Le noble duc de la Cérisaie, mon honoré père, me tient tellement serrées les cordes de son escarcelle qu'il m'a fallu m'adresser à un affreux usurier pour remplir la mienne. Je vous préviens que vous aurez du mal à l'arracher de mes mains.

MALBRANCHU.

C'est ce que nous allons voir!

Il tire une énorme rapière. Gigolet en fait autant et Quatrebras fait de nouveau tournoyer son bâton.

AGÉNOR, à part.

Ah! diable!... me voilà une vilaine affaire sur les bras... (Tirant son épée.) Eh bien! tant pis! je n'en aurai pas le démenti!...

Il se met en garde, le combat commence. — Musique de scène.

GIGOLET, chargeant Agénor.

A vous!

MALBRANCHU.

A vous!

Ils ferraillent.

QUATREBRAS, essayant de le frapper.

A toi celle-ci!...

MALBRANCHU, même jeu.

Et celle-là!...

AGÉNOR, parant les coups.

Pas encore!... (A part). Ah! mais je me sens fatigué.

MALBRANCHU, bas, aux autres.

Son bras faiblit.

GIGOLET.

Et voici du renfort !...

Des truands armés se montrent dans le fond et s'approchent.

AGÉNOR.

Je suis perdu !... A moi !... au secours !...

Il est assailli de tous côtés. Il se défend encore, mais son épée lu
est arrachée. Il va être frappé par un des truands, quand Benvenuta paraît au fond.

SCÈNE III

LES MÊMES, BENVENUTA.

SCÈNE ET DUO.

BENVENUTA, s'élançant.

Arrêtez !

MALBRANCHU, à mi-voix.

Ciel ! Benvenuta !

TOUS.

Benvenuta !
Quel mauvais sort l'amène là !

Sur un geste d'elle, ils se retirent. Elle reste seule avec Agénor.

SCÈNE IV

AGÉNOR, BENVENUTA.

BENVENUTA.

Ils s'enfuient à ma vue,
Je l'ai sauvé !...

AGÉNOR.

Pardieu! sois ici bienvenue,
Sans toi, j'allais passer un bien vilain moment.
Accepte mon remerciement
Et maintenant, belle inconnue,
Dis-moi quel est ton nom...

BENVENUTA.

Mon nom...
A quoi bon!...

ROMANCE.

I

Le léger nuage
Qui glisse dans l'air
Ou, sur le rivage,
Le flot vif et clair,
La brise qui passe
Avec un frisson,
L'oiseau dans l'espace,
Disent-ils leur nom?

II

Que je sois la brise
Ou l'oiseau chantant,
Le flot qui se brise,
Le nuage blanc,
Quand bien loin m'emporte
Un sort vagabond,
Passant, que t'importe
De savoir mon nom?

AGÉNOR.

Vrai Dieu! de ce mystère,
Je saurai le pourquoi!
Ce nom que tu veux taire,
Tu le diras, ma foi!

Il veut s'approcher d'elle.

BENVENUTA, s'éloignant.

Un pas de plus, j'appelle!

1.

AGÉNOR, s'arrêtant.

Eh bien! soit! on se rend,
Ne fuyez plus, la belle,
Et causons doucement.

BENVENUTA.

Doucement?

AGÉNOR.

Doucement!

Elle se rapproche.

Tu vois, à tes ordres fidèle,
J'obéis; c'est de la vertu!
Mais maintenant, mademoiselle,
Ah! réponds-moi : qui donc es-tu?

BENVENUTA, avec résolution.

Qui je suis?... Quelqu'un qui vous aime!

AGÉNOR, surpris.

Tu m'aimes?

BENVENUTA, simplement.

Je vous aime!

AGÉNOR.

Répète-le, ce mot charmant,
Ce mot d'une douceur extrême!
Tu m'aimes?

BENVENUTA.

Je vous aime!

ENSEMBLE.

AGÉNOR.

C'est un roman,
C'est un roman charmant,
Dont je veux voir le dénoûment,
C'est un roman,
C'est un roman vraiment charmant!

BENVENUTA.

C'est un roman,
C'est un roman charmant,

Qui n'aura pas de dénoûment,
C'est un roman,
C'est un roman, rien qu'un roman!

BENVENUTA.

Comment cela me vient? Le sais-je?...
C'était un soir.

AGÉNOR.

C'était un soir!

BENVENUTA.

Dans Paris dormant sous la neige,
Il faisait noir.

AGÉNOR.

Il faisait noir!

BENVENUTA.

Passant gaîment dans la nuit sombre,
Fier et hardi.

AGÉNOR.

Fier et hardi!

BENVENUTA.

Je t'ai vu, puis, glissant dans l'ombre,
Je t'ai suivi!

AGÉNOR.

Tu m'as suivi!

BENVENUTA.

Tu sortais, la chanson aux lèvres
Du cabaret.

AGÉNOR.

Du cabaret.

BENVENUTA.

Je sentais en moi mille fièvres!
Mon cœur battait!

AGÉNOR.

Ton cœur battait!

BENVENUTA.

Pendant des heures éternelles,
Toute la nuit,

AGÉNOR.

Toute la nuit!

BENVENUTA.

Dans les carrefours, les ruelles,
Je t'ai suivi!

AGÉNOR.

Tu m'as suivi!

Riant. A part.

En me suivant par les ruelles,
Vraiment elle en a vu de belles!...

Changeant de ton.

Mais, n'importe! A ce jeu,
Je sens mon cœur en feu!
Si tu m'aimes, je t'aime
Et te donne ma foi!
Notre amour est le même,
Je t'adore, aime-moi!

BENVENUTA.

Non! non! Va-t'en!

AGÉNOR, voulant la reprendre.

Je t'aime!

BENVENUTA.

Tu ne peux pas m'aimer, comme il faut que l'on aime!
Séparons-nous,
Seigneur, retirez-vous!

AGÉNOR.

Après un tel aveu!

BENVENUTA, l'arrêtant du geste.

Adieu, seigneur, adieu!

ENSEMBLE.

C'est un roman!
C'est un roman charmant,

Qui n'aura pas de dénoûment!
C'est un roman.
C'est un roman, rien qu'un roman!
La musique continue jusqu'à la sortie d'Agénor.

AGÉNOR.

Décidément, tu ne veux pas me dire ton nom? Eh bien, moi, je veux que tu saches le mien... Je suis le comte Agénor de la Cerisaie... Si un jour, il t'arrive d'avoir besoin de moi... dans quelque circonstance que tu te trouves, n'hésite pas! Je n'oublierai jamais que je te dois la vie... Adieu!...

Il entre dans le cabaret, la regarde une dernière fois et disparaît en lui envoyant un baiser.

BENVENUTA, restée seule. Après un moment de silence.

Il s'appelle le comte Agénor de la Cérisaie. Et moi je ne suis qu'une petite bohémienne, dont il n'a pas même vu le visage... Que pourrais-je lui demander?... Un amour de quelques heures... (Désignant le cabaret où l'on continue à rire.) comme là-haut!... Oh! non... Jamais! jamais!...

Elle s'éloigne vivement. La scène qui était restée jusque-là dans l'obscurité s'éclaire peu à peu.

SCÈNE V

MALBRANCHU, GIGOLET, QUATREBRAS.

MALBRANCHU, reparaissant avec Gigolet et Quatrebras.

La voilà partie!...

QUATREBRAS.

Elle nous a fait manquer une opération superbe!...

MALBRANCHU.

Oh! cette petite Benvenuta! sous prétexte qu'elle est la fille adoptive du grand Tirechappe.

TOUS LES TROIS, se découvrant.

Notre patron!

MALBRANCHU.

Et qu'elle est l'étoile de la troupe, elle prend avec nous des libertés qu'elle ne devrait pas prendre!

GIGOLET.

Et voilà le jour venu à présent... Plus rien à faire...

Bruit au dehors.

MALBRANCHU.

C'est Tirechappe, le patron...

GIGOLET.

Faut pas avoir l'air de flâner...

QUATREBRAS.

Il nous attraperait!

MALBRANCHU.

Circulons!

Ils disparaissent.

SCÈNE VI

TIRECHAPPE, MISTIGRIS.

TIRECHAPPE, du dehors.

Oui, habitants de Paris! oui! Dans quelques instants vous aurez votre représentation, ici même, sur cette place, *coram populo!* On vous fera signe!... (En scène.) Dans quelques instants!... Si je peux!... (Se retournant avec mauvaise humeur.) Eh bien, arrive donc, Mistigris! Arrive donc! Est-ce qu'il va me lâcher aussi, celui-là!... (Criant.) Mistigris!...

MISTIGRIS, arrivant très lentement.

Voilà, p'pa, voilà!...

Ils sont tous deux en saltimbanques. — Mistigris porte sur son dos un tambour, et tient un escabeau à la main.

TIRECHAPPE.

C'est comme ça que tu te presses!

MISTIGRIS.

Oui, p'pa, je me presse... (Regardant autour de lui.) Seulement, je cherchais...

TIRECHAPPE.

Tu cherchais quoi?... Benvenuta, n'est-ce pas?

MISTIGRIS, se débarrassant.

Eh bien oui! Eh bien oui!... Benvenuta, je la cherchais, p'pa!... C'est plus fort que moi... C'est une faiblesse... Quand elle n'est pas là, je ne suis plus moi... il me manque quelque chose.

TIRECHAPPE.

Et à moi donc!... Il me manque tout! Mais veux-tu que je te dise, Mistigris?... Benvenuta, ma fille adoptive, que j'ai élevée à la brochette, Benvenuta, mon rossignol, ma prima donna, mon étoile, qui, lorsqu'elle chante, fait affluer dans mon escarcelle les petits blancs et les deniers, Benvenuta se dérange, elle a des caprices, des lubies, comme toutes les grandes artistes... ô les étoiles! les étoiles!... C'est notre ruine!... Qu'est-ce qu'elle a?...

MISTIGRIS.

Je m'en doute, moi... Ça doit être l'amour, p'pa...

TIRECHAPPE.

L'amour?...

MISTIGRIS.

Oui. Veux-tu le savoir? Eh bien! elle m'aime!...

TIRECHAPPE.

Toi!...

MISTIGRIS.

Oui... Elle est arrivée à l'âge où la jeune fille a des aspirations. Il avait été convenu que nous devions nous marier ensemble... Elle n'ose pas le dire, par pudeur, mais je suis sûr qu'elle se dessèche... P'pa, il faut se dépêcher de nous établir... Ça n'est pas difficile... On casse une cruche.. et crac...

TIRECHAPPE, haussant les épaules.

Une cruche !... Tiens, Mistigris, si tu n'étais pas mon propre fils, la comparaison s'imposerait d'elle-même... Alors, tu te figures que tu es pour quelque chose dans tout cela ?...

MISTIGRIS.

Tiens !... On n'est pas si mal tourné. Et puis, je suis fils de roi !...

TIRECHAPPE, fièrement.

Tu peux même dire d'empereur !... (Se posant.) Marius Castagnas de Montauban, dit Tirechappe, tour à tour marchand d'orviétan, arracheur de dents, escamoteur, chanteur, sculpteur, diseur de bonne aventure, batoniste, équilibriste, poète, musicien, baladin, pédicure, apothicaire, raccommodeur de vieilles faïences et autres objets détériorés, et présentement, roi des truands et empereur de Galilée, nommé à l'unanimité et sans être ballotté, par tous les truands, filous, malandrins, escarpes et tire-laine de la bonne ville de Paris !

MISTIGRIS, entraîné par le mouvement et continuant sur le même ton.

Ah ! ah ! ah !

Il exécute un roulement de tambour. — Au bruit qu'il fait, quelques passants s'arrêtent, et la foule commence à s'amasser.

SCÈNE VII

LES MÊMES, LA FOULE, MAGUELONNE, MATHURINE, puis MALBRANCHU, GIGOLET, QUATREBRAS et d'AUTRES TRUANDS mêlés à la foule.

MAGUELONNE.

Ah ! voilà qu'ils vont commencer ! Venez, Mathurine !

TIRECHAPPE, à Mistigris.

Animal! Avec tes cris et ton tambour, tu attires le monde... Et pas de Benvenuta... Nous ne pouvons rien faire sans elle... (Il donne un signal. — Malbranchu et les autres qui sont rentrés avec la foule s'approchent de lui.) Vite, Benvenuta!... Il me la faut! Elle doit être dans les environs... Allez me la chercher!...

MALBRANCHU.

On y court...

GIGOLET.

On y vole.

Ils disparaissent.

MATHURINE, dans la foule.

Eh bien! on ne commence pas?...

MAGUELONNE.

Nous vous attendons!

TOUS.

Oui! oui! Voyons!

MISTIGRIS, bas.

Faut-il faire une annonce?

TIRECHAPPE.

Non!... non! Pas d'annonce, jamais d'annonce! Tâchons de leur faire prendre patience. (Se tournant vers la foule.) Habitants de Paris, bourgeois, vilains et manants, approchez, approchez...

MISTIGRIS, déroulant un tapis qu'il place au milieu de la scène.

Approchez, vilains bourgeois!...

TOUS, se pressant.

Ah! ah!

TIRECHAPPE, se campant.

Ceci est pour avoir l'honneur de vous présenter les hommages, respects et salutations très humbles de mon fils Mistigris et de son incomparable père Tirechappe! (A Mistigris.) Salue, Mistigris...

MISTIGRIS.

Voilà, p'pa!...

Il exécute un salut avec un appel du pied.

MAGUELONNE, dans la foule.

Le jeune homme est très distingué.

MATHURINE.

Le père est très bien aussi.

TIRECHAPPE, regardant dans la coulisse, à part.

Rien encore... Allons!... (Haut.) Nous allons, tout d'a-
bord, honorable assistance, vous donner un échantillon
de nos talents multiples et variés. L'exercice que nous
allons exécuter devant les Seigneuries, de Vos Excellences
ou les Excellences de Vos Seigneuries a reçu l'approba-
tion de tous les souverains patentés de l'Europe et notre
bon roi Charles IX en personne n'a pas craint de nous
féliciter chaudement en présence de toute sa cour...

MISTIGRIS.

J'ajouterai que la reine elle-même, a eu quelques mots
d'encouragement pour le jeune Mistigris ici présent!...

TIRECHAPPE.

Mistigris, veuillez me passer un pavé, n'importe le-
quel.

MISTIGRIS, plaçant un pavé sur l'escabeau.

Voilà, p'pa, le pavé demandé!...

TIRECHAPPE, à la foule.

Tenez, tenez! Gens qui vous promenez, allongez le nez
et vous ne serez pas fâchés de voir casser ce pavé!... Y
sommes-nous, Mistigris?

MISTIGRIS.

Oui, p'pa!...

TIRECHAPPE.

Attention!...

*Il entortille son mouchoir autour de sa main droite et de la gau-
che donne un coup sur le pavé qui se sépare en deux.*

MISTIGRIS.

Voilà les deux morceaux annoncés!... On peut toucher...

Il les fait passer dans la foule.

TIRECHAPPE, déroulant son mouchoir, qui est tout troué.

Et remarquez que, si le pavé est cassé, le mouchoir n'est nullement détérioré!

MISTIGRIS.

Et maintenant, honorable assistance, si quelqu'un a dans sa poche un autre pavé, il n'a qu'à nous le passer et nous aurons l'honneur de casser le second pavé comme nous avons cassé le premier pavé!... (Changeant de ton, et faisant le tour de la société.) Pour l'artiste, s'il vous plait.

MAGUELONNE.

Oh! non, j'aime mieux une chanson.

MATHURINE.

C'est plus gai...

TOUS.

Oui, oui! une chanson!...

TIRECHAPPE, à Mistigris.

Une chanson! Ils veulent une chanson.

MISTIGRIS.

Sapristi! qu'est-ce que nous allons faire?...

TIRECHAPPE.

Eh bien! nous allons chanter, voilà tout. (Haut.) Vous allez être servis, habitants de Paris... Je vais avoir l'honneur de vous soumettre notre dernière création : le moyen infaillible d'avoir la paix dans son ménage et dans celui des autres!...

MISTIGRIS.

La manière de traiter les femmes comme elles le méritent!...

TIRECHAPPE.

Allez, la musique!...

PARADE.

I

Les femmes sont certainement
Des créatures très aimables,
Mais avouons-le franchement,
Y en a pas mal de détestables.
Ell's veul'nt nous faire la leçon,
Ell's aiment tout c' qui nous agace.
Ell's dis'nt oui quand on leur dit non,
Et parfois nous font la grimace...
Je connais un moyen certain
Pour assouplir leur caractère :
Ce moyen est élémentaire
Et tout le mond' l'a dans la main...

TIRECHAPPE et MISTIGRIS.

Demandez la manièr' de traiter
Les femm's comme ell's le méritent.
Demandez, quand ell's vous irritent,
Le moyen sûr de les mater;
Bourgeois, manants et militaires,
Pour apaiser vos ménagères,
Et les changer du tout au tout,
    D'mandez! d'mandez!
      Ça vous coût'ra,
        — Ra!
      Qu'un
        — Un
      Sou!
        — Ou!

TIRECHAPPE.

II

Parmi le nombre, assurément,
Il est des épouses fidèles.
Mais il en est énormément,
Qui n' sont pas du tout des modèles.
Dieu sait ce qu'il arriverait,
A leur pauvre époux en voyage!
Au retour, leur front atteindrait
La hauteur d'un premier étage!
Pour éviter cet accident,
Servez-vous de mon spécifique :

Il est tout à fait mirifique,
Il est actif et stimulant!...

TOUS LES DEUX.

Demandez la manièr' de traiter etc..,

MISTIGRIS, refaisant le tour de la société.

Pour l'artiste, s'il vous plaît... pour l'artiste, s'il vous
plaît!

Il ne récolte que quelques rares pièces de monnaie.

TIRECHAPPE, comptant la recette.

Quatre deniers, en tout.

MISTIGRIS.

Et deux boutons... c'est maigre.

TIRECHAPPE.

Voilà!... Quand Benvenuta n'y est pas, nous ne faisons
jamais rien... Oh! les étoiles!...

SCÈNE VIII

LES MÊMES, BENVENUTA.

MALBRANCHU, revenant, bas, à Tirechappe.

Victoire! nous la ramenons.

TIRECHAPPE.

Enfin!... Il était temps!... (Il court au fond, à droite, et ra-
mène Benvenuta. — Mouvement de joie dans la foule.) Allons, arrive,
petite malheureuse... Il s'agit de rattraper le temps
perdu... Chante...

BENVENUTA.

Non... je ne suis pas en train...

MISTIGRIS, à part.

C'est l'amour!...

TIRECHAPPE.

Benvenuta, chante, je t'en prie!... Sauve la recette...

MISTIGRIS.

Faites ça pour moi...

BENVENUTA, à part.

Au fait!... Il se mettra peut-être à la fenêtre et je le re-
verrai. (Haut.) Eh bien soit! Je vais chanter.

TIRECHAPPE, à la foule.

Le rossignol va chanter !

MISTIGRIS.

Il va chanter, le rossignol!

TOUS.

Ah!...

BENVENUTA.

BRUNETTE.

I

On a construit un navire
Tout en or et en argent,
Les voiles sont en dentelle,
Les cordag's en ruban blanc :
La plume s'envole, vole, vole
Au gré du vent !

II

Sur le pont de ce navire,
S'est embarqué mon amant,
Qui jurait de me conduire
A l'autel en revenant :
La plume s'envole, vole, vole
Au gré du vent!

III

Mais, en route, une princesse
Hélas! l'a trouvé charmant
Et quand revient le navire,
Mon amant n'est plus dedans!...
La plume s'envole, vole, vole
Au gré du vent!...

TOUS.

Très bien! très bien!... Vive la chanteuse!

MISTIGRIS, refaisant la quête en tenant Benvenuta par la main.

Pour l'artiste, s'il vous plaît... pour l'artiste, s'il vous plaît...

Les pièces de monnaie tombent de tous les côtés dans le chapeau de Mistigris. — La foule se retire peu à peu.

TIRECHAPPE, comptant la recette.

A la bonne heure, des pièces blanches comme s'il en pleuvait!...

MISTIGRIS.

Elle a tant de talent!

TIRECHAPPE, à la foule.

Maintenant, mesdames et messieurs, nous allons donner une seconde séance sur la place de Grève. Les personnes de la société qui n'en auraient pas assez sont priées de nous suivre.

MISTIGRIS.

Elles ne regretteront pas de nous avoir honorés de leur confiance... (A Benvenuta.) Vous venez, Benvenuta...

BENVENUTA, distraite.

Oui! oui!

MISTIGRIS, sortant, à la foule.

Suivez! Suivez le monde!

Sortie générale, sur une musique de scène.

BENVENUTA, restée seule.

Il ne m'a pas entendue!... Et pourtant, c'est plus fort que moi, je ne peux pas m'arracher d'ici... (Entendant des voix à droite, dans la coulisse.) Ah! du monde!

Elle se met à l'écart.

SCENE IX

LE DUC, BENOIT, BENVENUTA, cachée.

LE DUC, arrivant par le fond, à droite, suivi de Benoît.

Allons ! allons !... Dépêchons-nous, monsieur Benoît !...
Un peu de jambes, que diable !...

BENOIT.

Je vous suis, monsieur le duc !...

LE DUC.

Ah ! mon pauvre Benoît, quel malheureux père je
suis !...

BENOIT.

Le fait est que le fils de monsieur le duc a une bien
mauvaise conduite...

LE DUC.

J'ai été absolument comme lui... Quand je faisais ce
qu'il fait, je trouvais la chose toute naturelle et, maintenant qu'il fait ce que je faisais, je ne peux pas supporter
ça... Voilà huit jours qu'il n'a pas remis les pieds chez
moi...

BENOIT.

Quinze, monsieur le duc.

LE DUC.

Oui, quinze... Je le cherche dans tous les mauvais lieux
de la capitale. Nous avons encore à visiter ce cabaret.

BENOIT.

Le cabaret de *La Pomme-de-Pin* ! Mais c'est un bouge...

LE DUC.

Raison de plus... Nous avons des chances... appe-
lez-le.

BENOIT, appelant.

Monsieur Agénor! monsieur Agénor!

BENVENUTA, reparaissant.

Il me semble que j'ai entendu son nom... Écoutons!

Elle se cache derrière l'arche du pont.

LE DUC.

Il ne répond pas... Entrez là et voyez si vous l'apercevez...

BENOIT.

Moi!

LE DUC.

Oui, vous... allez donc!

BENOIT.

J'y vais, monsieur le duc. (A part.) Moi dans un bouge!... (S'arrêtant en entendant du bruit.) Ah! on sort du cabaret.

LE DUC.

Attention!...

Il se retire au fond avec Benoît.

SCÈNE X

LES MÊMES, AGÉNOR.

AGÉNOR, sortant du cabaret en riant et un peu gris.

Ah! ah!... Au revoir, mes amis!... Au revoir... (S'asseyant sur une table devant la porte.) Quelle déveine!... J'ai tout perdu... absolument tout!... Mais bah! j'ai fait cette nuit une rencontre charmante et, si le proverbe dit vrai, l'amour me consolera des rigueurs du jeu... (Se levant.) Elle doit être jolie, cette inconnue dont je n'ai pu voir le visage... Ma bonne étoile la remettra bien sur mon chemin et, cette fois, j'y mettrai moins de discrétion... En attendant, me voilà forcé de rentrer chez mon père pour tâ-

2

cher de remplir ma bourse. Fâcheuse extrémité! Enfin!... (Il fait un mouvement pour s'en aller et se trouve en face du duc. — Dégrisé subitement.) Ah! vous, mon père!...

LE DUC.

Oui, moi!

BENOIT.

Oui, nous!...

AGÉNOR, à part.

Eh bien! ça ne va pas être drôle!...

LE DUC.

Mon fils, je vous cherche depuis huit jours !

BENOIT, le reprenant.

Depuis quinze, monsieur le duc.

LE DUC.

Depuis quinze!... Et voilà où je vous trouve! Vous n'a-vez pas honte?... Moi aussi, je me suis amusé; moi aussi, j'ai passé des nuits au cabaret; moi aussi, j'ai pris des tailles!... Plus que vous!... Mais je me suis rangé à temps, j'ai fait une fin...

AGÉNOR.

Une fin!... Mon père, vous voulez encore me parler de ce mariage.

BENVENUTA, à part.

Ce mariage!... On veut le marier...

LE DUC.

Justement!... Depuis que je ne vous ai vu, les choses ont marché.

BENOIT.

A grands pas...

LE DUC.

Dans une heure, votre fiancée arrive ici par le bateau d'Auxerre.

BENVENUTA, à part.

Sa fiancée!

AGÉNOR.

Dans une heure...

LE DUC.

Oui... Et demain, vous épousez demoiselle Lucinde,
fille du baron de la Roche-Trumeau, noble homme de
Bourgogne, comte de Chablis, seigneur d'Avallon, que je
ne connais pas, mais qui est notre cousin au vingt-
septième dégré en ligne collatérale et, de plus, énormément riche...

AGÉNOR, à part.

Il tombe bien ! Et mon inconnue... (Haut.) Je le regrette
beaucoup, mais ce mariage ne se fera pas...

BENVENUTA, à part, avec joie.

Ah !

LE DUC.

Il faut qu'il se fasse... (Le prenant à part.) Mon fils, votre
pauvre père est ruiné à plate couture...

AGÉNOR.

Hein !...

BENOIT.

A plate couture !...

LE DUC.

Et il compte sur vous pour rétablir ses affaires...

AGÉNOR.

Mais...

LE DUC.

Je vous en prie, voyez au moins la jeune fille...

BENOIT.

Qu'est-ce que ça vous fait ?

AGÉNOR.

Soit !...

LE DUC, avec joie.

Ah ! Il a du bon...

AGÉNOR.

Mais je vous préviens que cela n'y changera rien...

LE DUC.

Qui sait?... Allons! il s'agit de nous préparer à la recevoir... Dépêchons-nous de rentrer à l'hôtel pour être ici avant l'arrivée du bateau. Venez, mon fils, venez, Benoît...

BENOIT.

Oui, monsieur le duc!...

AGÉNOR, les suivant.

Voilà un mariage qui tombe bien mal à propos...

Ils sortent par la droite.

SCÈNE XI

BENVENUTA, puis MISTIGRIS et TIRECHAPPE.

BENVENUTA, seule, reparaissant.

Cette jeune fille qu'il va voir, s'il allait l'aimer!... Que deviendrais-je?... Ah!

Elle s'assied en pleurant près du cabaret.

MISTIGRIS, revenant par la gauche.

Eh bien! où est-elle?... Ah! la voilà!... Dites donc, vous nous en avez fait une bonne... Voilà une heure que nous vous attendons sur la place de Grève... Nous avons chanté, et on ne nous a rien jeté... C'est-à-dire, si... On nous a jeté des pierres... P'pa est furieux... je suis venu en avant... (S'approchant d'elle.) Eh bien! qu'est-ce qu'elle a? Elle pleure... Vous pleurez?

BENVENUTA, se défendant.

Moi! mais non !...

MISTIGRIS.

Si! si! Vous pleurez! Elle pleure celle que j'aime! (Courant au fond.) P'pa! p'pa! Au secours!

TIRECHAPPE, arrivant et se mettant en défense.

Qu'est-ce qu'il y a?... Où sont-ils que je les extermine!...

MISTIGRIS, lui montrant Benvenuta.

Tiens! Regarde.

TIRECHAPPE.

Hein? (Allant à Benvenuta.) Elle pleure! (La prenant par la main et l'amenant au milieu du théâtre.) Voyons, mon enfant, nous ne sommes pas méchants. Nous sommes de braves gens, nous t'aimons bien au fond, entends-tu?

MISTIGRIS.

Entendez-vous?

TIRECHAPPE, lui essuyant les yeux.

Allons! Renfonce-moi ça. Voyons! qu'est-ce que tu as?... Est-ce que nous t'avons fait quelqué chose?... Non... Eh bien! quoi, alors?... Est-ce que tu serais amoureuse?...

BENVENUTA, à mi-voix, et baissant la tête.

Oui!

TIRECHAPPE, avec une colère comique.

Allons bon! Il ne nous manquait plus que ça!...

MISTIGRIS, triomphant.

Ah! qu'est-ce que je disais... Eh bien! ça peut s'arranger... N'est-ce pas, p'pa?...

Tirechappe hausse les épaules sans répondre.

BENVENUTA.

Oh! non! j'aime quelqu'un qui ne m'aime pas.

MISTIGRIS.

Qu'en savez-vous?...

BENVENUTA.

Oh! Il est trop au-dessus de moi pour m'épouser.

MISTIGRIS.

Mais non! mais non! Il peut descendre .. Il descendra... (Tombant à genoux.) Il descend!

BENVENUTA.

C'est le fils d'un duc... du duc de la Cérisaie.

MISTIGRIS, se relevant.

D'un duc! Ce n'est donc pas moi?...

BENVENUTA.

Toi! mon pauvre Mistigris! Tu avais cru!...

MISTIGRIS.

Dame!... ça me semblait tout indiqué... Oh! quel coup! quel coup!...

BENVENUTA, allant à Tirechappe.

Et il va se marier!... J'en mourrai!...

TIRECHAPPE.

Voyons! voyons!...

BENVENUTA, passant.

Après tout, qu'est-ce que ça peut faire, une bohémienne de plus ou de moins sur la terre?...

TIRECHAPPE.

Une bohémienne! Qu'en sais-tu? Ecoute!... Je vais te dire une chose dont je ne t'ai jamais parlé jusqu'à présent. Tu sais que tu n'es que ma fille adoptive.

BENVENUTA.

Oui...

TIRECHAPPE.

Je t'ai trouvé un matin. Dieu, que tu étais gentille!... (A Mistigris.) Elle était mignonne!... (A Benvenuta.) Tu avais froid... tes petits pieds étaient tout glacés... Je les ai réchauffés comme j'ai pu et je t'ai emportée sur mon dos!... Bah! une de plus!... Et, comme une bonne action est toujours... une bonne action, ça m'a porté bonheur... Tout m'a réussi depuis ce moment-là...

MISTIGRIS.

C'est vrai, nous avons eu une veine...

TIRECHAPPE.

Enorme!... J'ai même été nommé roi l'année dernière.

MISTIGRIS.

Tu peux même dire empereur...

TIRECHAPPE.

Tu l'as dit, Mistigris!... Empereur de Galilée... (A Benvenuta.) Mais toi, comme tu n'as pas de famille, rien ne nous empêche de supposer qu'elle est riche et puissante.

BENVENUTA.

Qu'importe, si on ne la retrouve pas?

TIRECHAPPE, se posant.

Eh bien! on peut la retrouver!... Qui sait?...

BENVENUTA et MISTIGRIS.

Comment?

TIRECHAPPE, tirant quelque chose de sa poche.

Regarde!... Regardez!...

MISTIGRIS.

La moitié d'une carte!

TIRECHAPPE, à Benvenuta.

Tu vois! Je ne le lui fais pas dire! Oui, la moitié d'une carte!... On peut la voir, je la montre! Elle n'est pas dans un sac!... La moitié d'un roi de carreau!... Eh bien! cette moitié doit avoir une autre moitié!... Toutes les moitiés ont des moitiés!... (A Mistigris, lui passant la carte sous le nez) Voyons! Mistigris! toi qui es malin, où est la moitié de cette moitié?...

MISTIGRIS, bêtement.

Je ne sais pas, moi...

TIRECHAPPE.

Dans sa famille, parbleu!... (A Benvenuta.) Jusqu'à présent, je ne m'en étais pas occupé, espérant que tu ne nous quitterais jamais et que tu épouserais Mistigris.

MISTIGRIS.

Oh! oui!... C'était mon rêve!...

TIRECHAPPE.

Tu vois, c'était son rêve!... Mais, puisque tu en as décidé autrement, Mistigris se sacrifiera.

MISTIGRIS.

Moi!...

TIRECHAPPE, avec autorité.

Tu te sacrifieras... Nous allons nous mettre à la recherche de tes parents, et quand nous les aurons trouvés... Eh bien! tu pourras épouser celui que tu aimes... Voilà mon plan, qu'est-ce que tu en dis?

BENVENUTA.

Mais il sera trop tard!... Celui que j'aime se marie demain.

MISTIGRIS et TIRECHAPPE.

Demain!

BENVENUTA.

Oh! j'ai bien entendu... avec demoiselle Lucinde, fille du baron de la Roche-Trumeau qui va arriver tout à l'heure par le bateau d'Auxerre. Vous voyez qu'il n'y a plus d'espoir pour moi...

MISTIGRIS, à part, avec joie.

Alors, il y en a pour moi!...

TIRECHAPPE.

Eh bien, rassure-toi! Nous ne t'abandonnerons pas! Un homme de ressources comme moi, ne se décourage jamais! Il me vient une idée... Ces la Roche-Trumeau, ça doit être naïf... Mes enfants, laissez-moi faire...

MISTIGRIS et BENVENUTA.

Comment?...

On entend au loin le son d'une cloche.

TIRECHAPPE.

Ecoutez... Voilà qu'on signale le bateau... Nous n'avons pas de temps à perdre, vite entrons chez la Thibaude qui nous est dévouée... Allez! allez!

Ils disparaissent dans le cabaret.

SCÈNE XII

Des Voyageurs, LA ROCHE-TRUMEAU, LUCINDE, SIMPLICE.

La cloche sonne de nouveau.— Quelques voyageurs paraissent à droite,
pendant que, de gauche, on vient à leur rencontre.

MORCEAU D'ENSEMBLE.

CHOEUR DES VOYAGEURS.

Paris! Paris!
Nous voici dans la capitale,
Saluons, mes amis,
La ville sans rivale!
Paris! Paris.

Paraissent la Roche-Trumeau, Lucinde et Simplice. — Types de
provinciaux ridicules. La scène se vide peu à peu pendant ce
qui suit.

LA ROCHE-TRUMEAU, entrant.

Allons, Lucinde, mon enfant,
Et vous, monsieur Simplice,
Débarquons promptement.
Or çà! qu'on en finisse !

LUCINDE, arrivant avec Simplice.

Me voilà, mon papa!

SIMPLICE.

Nous voilà! nous voilà !

Ils descendent tous les trois au milieu de la scène.

TRIO.

Sur la terre étrangère
Nous arrivons tous trois,
Nous arrivons d'Auxerre
D'Auxerre en Auxerrois!
C'est un charmant voyage
Qui se fait en bateau,

Et c'est vraiment dommage
Qu'il finisse si tôt !
Sur la terre étrangère
Nous arrivons tous trois,
Nous arrivons d'Auxerre,
D'Auxerre en Auxerrois !...

LUCINDE, à la Roche-Trumeau qui est resté immobile et absorbé.

Eh bien ! papa ?

SIMPLICE.

Eh bien ! monsieur le baron ?

LA ROCHE-TRUMEAU.

Hein ?... Où sommes-nous ?

LUCINDE.

Nous sommes arrivés.

LA ROCHE-TRUMEAU.

Ah ! c'est vrai, nous voilà à Paris...

LUCINDE.

Oui, papa.

SIMPLICE.

Oui, monsieur le baron.

LA ROCHE-TRUMEAU.

C'est plus grand qu'Auxerre, hein ?...

LUCINDE.

Oui, papa.

SIMPLICE.

Oui, monsieur le baron.

LA ROCHE-TRUMEAU, à Lucinde.

Tu n'es jamais venue à Paris, toi ?...

LUCINDE.

Non, papa...

LA ROCHE-TRUMEAU.

Vous non plus, monsieur Simplice ?

SIMPLICE.

Non, monsieur le baron.

LA ROCHE-TRUMEAU.

Moi j'y suis venu... il y a vingt-trois ans, pour y faire mes farces. Doux souvenir! Ah! j'étais jeune!... J'étais leste!... En ai-je eu de ces aventures!... (S'apercevant que Lucinde l'écoute il change de ton.) Mais je ne vois personne pour nous recevoir... Ils sont en retard...

LUCINDE.

Qui ça, ils?...

LA ROCHE-TRUMEAU.

Ceux qui devaient venir au-devant de nous...

LUCINDE.

Mais qui?... Voyons, papa, il me semble qu'il est temps de m'expliquer pourquoi nous avons fait ce voyage... Vous m'avez dit qu'il s'agit d'une surprise... J'attends la surprise.

LA ROCHE-TRUMEAU.

Eh bien! tu vas la connaître... Je vais te marier.

LUCINDE, avec un cri d'effroi.

Moi?...

SIMPLICE, même jeu.

Elle?

LA ROCHE-TRUMEAU.

Tu es contente, je m'y attendais.

LUCINDE.

Mais non, papa, je ne suis pas contente!...

LA ROCHE-TRUMEAU.

Ne me remercie pas, c'est inutile.

SIMPLICE.

Mais, monsieur le baron, mademoiselle vous dit au contraire que...

LA ROCHE-TRUMEAU.

Assez! ça n'en vaut pas la peine.

LUCINDE.

C'est trop fort. (Criant.) Je vous dis que je ne suis pas contente, et si c'est pour me marier que vous m'avez amenée ici, nous pouvions tout aussi bien rester à Auxerre.

SIMPLICE.

Certainement.

LA ROCHE-TRUMEAU.

Qu'est-ce que vous dites?

LUCINDE, à Simplice.

Attendez... je vais lui faire comprendre, moi... (A la Roche-Trumeau.) Papa! j'aime mieux être franche avec vous... (Désignant Simplice. — Avec un geste de pantomime.) M. Simplice et moi, nous nous aimons!...

LA ROCHE-TRUMEAU, avec éclat.

Vous vous aimez!

SIMPLICE.

Oui!

LUCINDE.

Tant que nous pouvons!

LA ROCHE-TRUMEAU, à Lucinde.

Tu aimes M. Simplice, mon simple secrétaire, un garçon qui n'est pas né... qui ne le sera jamais!...

LUCINDE.

Oh! moi je n'ai pas de préjugés, pourvu que ce soit un garçon.

SIMPLICE.

Ça lui suffit.

LA ROCHE-TRUMEAU.

Et vous me dites ça à présent, sur la berge, quand nous sommes arrivés, quand le mariage est décidé et que le futur va venir au-devant de nous... Enfin! c'est bon!... Je vais arranger ça... Vous vous aimez?...

LUCINDE et SIMPLICE.

Oui...

LA ROCHE-TRUMEAU.

Vous vous aimez... Eh bien! vous ne vous vous aimerez plus. Voilà tout.

LUCINDE.

Voilà tout... Mais l'amour, ça ne se commande pas... Quand on aime, papa, on aime...

LA ROCHE-TRUMEAU.

Eh bien, tu vas te marier... tu aimeras ton mari... Un homme en vaut un autre.

SIMPLICE.

Ah! quelle erreur!

LUCINDE.

Quelle erreur!

LUCINDE.

COUPLETS.

I

Une fillette de mon âge,
Souvent cela n'a l'air de rien,
C'est naïf, c'est gentil, c'est sage,
Mais, au fond, ça comprend très bien.
Or, les maris, je le suppose,
Y en a des beaux, y en a des laids,
Y en a des bons et des mauvais,
C'est en cela comme en tout' chose...

Moi, j'en veux un, papa,
Je vous le certifie,
Arrangez-vous pour ça,
Arrangez-vous pour ça!
Moi, j'en veux un, papa,
De première catégorie!

II

Je fus, un jour, au mariage
D'un' jeune fill' que j'aim' beaucoup :
Eh bien! au bout d'un an d' ménage,
Papa, ça n'allait plus du tout!
Son mari, la triste aventure !

Croiriez-vous ça? ne l'aim' pas bien :
Il parait qu'il n'est bon à rien,
A rien du tout, — à c' qu'elle assure!...

Moi, j'en veux un, papa,
Je vous le certifie,
Arrangez-vous pour ça,
Afin d'éviter ça,
Moi, j'en veux un, papa,
De première catégorie!

LA ROCHE-TRUMEAU.

Nous sommes parfaitement d'accord, voilà un point réglé.

SIMPLICE.

Il ne veut pas comprendre!

LUCINDE.

Ah! dire que j'ai un pareil père!

LA ROCHE-TRUMEAU, l'embrassant.

Oui, mon enfant!... Mais ce n'est pas tout... maintenant que tu vas te marier, j'ai un aveu à te faire...

LUCINDE.

A moi?...

LA ROCHE-TRUMEAU.

A toi... Monsieur Simplice, allez voir là-bas si j'arrive... (A Lucinde.) Mon enfant, j'ai retardé jusqu'à ce jour cette confidence... mais ma conscience me force à parler... C'était il y a vingt ans, à Paris... Ton père était beau, jeune, spirituel, étincelant!... Un jour, ou plutôt une nuit... non, c'était un soir...

LUCINDE, voyant s'ouvrir la porte du cabaret.

Papa! Du monde...

LA ROCHE-TRUMEAU.

Bien! je te finirai ça une autre fois... C'est ton fiancé et son père sans doute... Tenons-nous!...

Ils prennent leurs manteaux des bras de Simplice.

SCÈNE XIII

LES MÊMES, TIRECHAPPE, MISTIGRIS.

TIRECHAPPE, sortant du cabaret avec Mistigris. Ils ont, par-dessus leurs costumes, mis des manteaux de seigneurs et sont coiffés de toques à plumes. — Allant vivement à la Roche-Trumeau.

Les voici!... les voici, ces chers amis!... Vous êtes certainement le baron?...

LA ROCHE-TRUMEAU, se campant.

Tamaris de la Roche-Trumeau, noble homme de Bourgogne.

SIMPLICE, avec des larmes dans la voix.

Comte de Chablis.

LUCINDE, même jeu.

Seigneur d'Avallon.

LA ROCHE-TRUMEAU.

Et alors, vous, vous êtes?...

TIRECHAPPE, se posant.

Duc Marc Antoine de la Cérisaie.

MISTIGRIS, même jeu.

Comte Agénor de la Cérisaie.

LA ROCHE-TRUMEAU.

Enchanté !

TIRECHAPPE, à Mistigris.

Il n'a pas l'air malin!... Ça va marcher tout seul.

LA ROCHE-TRUMEAU, à Tirechappe.

Ah! c'est votre fils... Permettez-moi de vous présenter ma fille... Salue, Lucinde...

Lucinde salue.

MISTIGRIS, à part.

Très gentille, la petite Trumeau !

LA ROCHE-TRUMEAU, à Lucinde.

Eh bien! que dis-tu de ton futur?...

LUCINDE.

Il est très bien! très bien!... D'abord, il est grand... j'aime, les grands, moi...

SIMPLICE, la tirant.

Lucinde!...

LA ROCHE-TRUMEAU.

Vous nous avez reconnus tout de suite, n'est-ce pas?... à cause du signalement.

TIRECHAPPE.

Quel signalement?

LA ROCHE-TRUMEAU.

Le signalement que vous avez recommandé dans votre lettre : Ma fille, une cape grise; moi, un manteau noir, mon secrétaire, un manteau brun.

TIRECHAPPE, à part.

Il y avait un signe de ralliement : Parfait! ça va me servir tout à l'heure. (Haut.) Permettez-nous de vous débarrasser...

LA ROCHE-TRUMEAU.

Voilà. Vous êtes trop bon...

> Ils donnent leurs manteaux à Tirechappe, qui les repasse à Mistigris.

TIRECHAPPE.

Vous avez tous vos papiers?

LA ROCHE-TRUMEAU.

Oui, je les ai apportés avec moi.

TIRECHAPPE.

Bien! donnez. J'en ai besoin pour le mariage.

LA ROCHE-TRUMEAU.

Voilà... (Il les lui remet.) Maintenant... vous allez nous conduire chez vous.

TIRECHAPPE, à part.

Il y vient tout seul! (Haut.) A l'instant même. (Faisant signe de l'œil à Mistigris, bas.) Attention!

LA ROCHE-TRUMEAU.

Nous y serons bien?

TIRECHAPPE.

Comme chez vous.

Il donne un signal, Malbranchu, Gigolet et Quatrebras paraissant.

MALBRANCHU.

Présents!

LA ROCHE-TRUMEAU, LUCINDE et SIMPLICE, effrayés.

Ah!

LA ROCHE-TRUMEAU.

Qu'est-ce que c'est que ces gens-là?

TIRECHAPPE.

Ce sont mes amis...

LUCINDE, bas, à son père.

Papa, ils ne me disent rien de bon!...

LA ROCHE-TRUMEAU.

Qu'est-ce que tu veux qu'ils te disent?... Ils n'ont besoin de rien te dire.

TIRECHAPPE, à Malbranchu.

Conduisez le baron et sa famille...

LA ROCHE-TRUMEAU.

Va, Lucinde... Allez, monsieur, Simplice... (A Tirechappe.) Nous y serons bien?...

TIRECHAPPE.

Je vous l'ai dit... Comme chez vous...

LA ROCHE-TRUMEAU, prenant le bras de Malbranchu.

Monsieur... enchanté...

Ils sortent par la gauche.

SCÈNE XIV

TIRECHAPPE, MISTIGRIS, BENVENUTA.

TIRECHAPPE.

Enlevé!... (Courant à la porte du cabaret.) Arrive, Benvenuta,
ça y est!...

BENVENUTA.

Vraiment!

TIRECHAPPE.

Mets cette cape et nous ces manteaux... A présent, tu
t'appelles Lucinde de la Roche-Trumeau et je suis le baron, ton père...

MISTIGRIS.

Et moi! Qu'est-ce que je suis?

TIRECHAPPE.

Tu es monsieur Simplice, mon secrétaire.

MISTIGRIS.

Oh! que je souffre!

TIRECHAPPE.

Ah! voici qu'on vient. C'est le duc et ton fiancé. Attention et jouons serré.

SCÈNE XV

TIRECHAPPE, MISTIGRIS, BENVENUTA, LE DUC, AGÉNOR, BENOIT, des Seigneurs, des Dames, des Pages, des Gardes du Duc, Hommes et Femmes du Peuple.

FINALE.

CHOEUR.

Place, place au noble cortège!

Sur son passage rangeons-nous!...
Au noble duc que Dieu protège,
Souhaitons les jours les plus doux.
 · Place! place! rangeons-nous!
Place! place! accourons tous!

LES PAGES et LES GARDES, en même temps.

Place! place au noble cortège!
Sur son passage rangez-vous...
Devant le duc que Dieu protège
Bourgeois, manants, vilains, filous,
  Place! place! rangez-vous!
  Place! place! rangez-vous!

LE DUC, entrant avec Agénor et suivi de Benoît.

Au rendez-vous nous sommes en retard,
Venez, mon fils! A votre fiancée
Il faut montrer du zèle et de l'égard,
Ayez une figure un peu moins compassée.

AGÉNOR.

Vous serez satisfait.
    A part.
Ce mariage n'est pas fait!

LE DUC, apercevant Tirechappe et les autres.

Les voici, j'imagine...

BENVENUTA, à part.

Comme il nous examine!

LE DUC, les regardant.

  Manteau noir,
  Cape grise :
Oui, c'est bien la mise
Qu'ils devaient avoir.
  Manteau noir,
  Cape grise :
Oui, c'est bien vraiment,
C'est le signe du ralliement!

TOUS.

Manteau noir,
  Etc.

LE DUC, s'avançant vers Tirechappe.

Seigneur, acceptez mon hommage.

TIRECHAPPE.

Je vous salue également!...

LE DUC.

Vous êtes bien assurément
La personne que l'on attend,
Et vous arrivez de voyage?

TIRECHAPPE.

Vous voyez : manteau noir.

TOUS.

Manteau noir!

LE DUC, désignant Benvenuta.

Et cette enfant... c'est la promise?

BENVENUTA, à part.

Ah! j'ai peur!

TIRECHAPPE, vivement.

Cape grise!

REPRISE.

Manteau noir,
Etc.

LE DUC, à Agénor.

Mon fils, saluez votre femme.

AGÉNOR.

Ma femme!

BENVENUTA, à part.

Sa femme!

LE DUC.

La politesse le réclame,
Approchez-vous, et galamment
Faites-lui votre compliment.

AGÉNOR.

Quoi! vous voulez?

LE DUC.

Je le désire,
Et telle est notre volonté.

AGÉNOR.

Il suffit, je vais y souscrire.
S'avançant vers Benvenuta, sans la regarder.
Madame...

BENVENUTA, *même jeu.*

Monsieur...

AGÉNOR, *la saluant avec une politesse froide.*

Enchanté!

Il s'éloigne.

BENVENUTA, *à part.*

Eh! quoi? c'est tout ce qu'il trouve à me dire!

ENSEMBLE.

TIRECHAPPE, LE DUC, MISTIGRIS, BENOIT.

Comme il est bref, comme il est sec!
Comment c'est tout et rien avec?
C'est à peine s'il la regarde,
Il n'a pas l'air d'y prendre garde!
Comment c'est tout et rien avec?
Comme il est bref, comme il est sec!

BENVENUTA.

Comme il est bref, comme il est sec!
Comment c'est tout et rien avec?
C'est à peine, s'il me regarde,
Il n'a pas l'air d'y prendre garde!
Comment c'est tout et rien avec?
Comme il est bref, comme il est sec!

LE DUC, *vivement.*

Et maintenant, sans plus attendre,
A mon hôtel il faut nous rendre.
Allons! bourgeois, vilains, manants,
Faites-nous place, bonnes gens!

3.

REPRISE GÉNÉRALE.

Place ! place au noble cortège !...
Etc.

Agénor a pris la main de Benvenuta et le duc le bras de Tirechappe.

Rideau.

ACTE DEUXIÈME

Le parc de l'hôtel de la Cérisaie. — A gauche, un pavillon. — Au deuxième plan, à droite, l'entrée d'un riche salon. — Au fond, on aperçoit le vieux Paris.

———

SCÈNE PREMIÈRE

Les Valets de pied, les Cochers, un Cuisinier, un Argentier, un Oiselier, un Jardinier, un Buffetier, un Sommelier, un Pannétier, un Laitier, un Glacier, Marmitons, Servantes, Nourrices, Gens de service.

INTRODUCTION.

LES HOMMES.

Nous sommes tous les domestiques,
Les serviteurs de la maison :
Tout est ici sur un grand ton,
Et les dehors sont magnifiques,
Mais...
Mais...
On ne paie jamais !

LES FEMMES.

On fait
De l'effet,
On a de l'allure,
Beaucoup de tournure,
On roule en voiture,
Mais,
Mais...
On ne paie jamais!

TOUS.

A la fin tout lasse,
Tout passe,
Tout casse :
Ça ne peut pas durer longtemps,
Nous sommes tous très mécontents,
Et nous demandons notre argent!
A l'instant!
Notre argent!
No-tre ar-gent!

BENOIT, arrivant.

Eh bien ! Pourquoi ce bruit? Quel est tout ce vacarme ?

LES HOMMES.

Voici monsieur Benoît!

LES FEMMES.

Sa présence nous charme!

TOUS, l'entourant.

Ce bon monsieur Benoît!
Ce cher monsieur Benoît!
Avec quel plaisir on le voit!
Cet excellent monsieur Benoît!

BENOIT.

Que se passe-t-il donc ?

TOUS.

Eh bien! ce qui se passe,
Nous allons vous le dire en face!

LES SERVANTES, avec une révérence.

Nous sommes les servantes

Toutes appétissantes :
Blanches dents, œil brillant,
Ensemble chatoyant !

LES HOMMES.

Dans cet hôtel, nous sommes cuisiniers,
Sommeliers,
Buffetiers,
Jardiniers...

LES NOURRICES, s'avançant.

Et nous, nous sommes les nourrices,
On nous garde en cas de besoin ;
Nous travaillons de loin en loin,
Quand on réclame nos services !

BENOIT.

Eh bien ?

TOUS.

Eh bien !
On ne nous donne jamais rien !
A la fin tout passe,
Tout lasse,
Tout casse !
Ça ne peut pas durer longtemps.
Nous sommes tous très mécontents,
Et nous demandons notre argent !
A l'instant !
Notre argent !
No-tre ar-gent !

BENOIT.

Vous allez faire une sottise !

TOUS.

Et pourquoi donc ?

BENOIT.

Une énorme bêtise,
Une maladresse sans nom !
Car le comte Agénor fait un beau mariage,
La jeune fille est sage,
Est très riche.

TOUS.

Est-on sûr ?

BENOIT.

Sa fortune est incalculable !

TOUS.

Ah ! diable !
Ah ! diable !

BENOIT.

Elle avantage son futur.

TOUS.

Serons-nous payés ?

BENOIT.

La famille,
A côté s'habille,
Le père avec la jeune fille,
Ce sont des gens très bien,
Excessivement bien !

TOUS.

Serons-nous payés ?

BENOIT.

Chut ! On vient !
Vous allez voir comme ils sont bien !

TOUS.

Nous allons voir comme ils sont bien.

Ils se retirent un peu au fond.

SCÈNE II

LES MÊMES, TIRECHAPPE, MISTIGRIS.

Tirechappe sort du pavillon de gauche, suivi de Mistigris. Ils sont revêtus de costumes magnifiques qui ne leur vont pas. Tirechappe a des habits trop étroits et Mistigris flotte dans ses vêtements. De plus, ce dernier a au côté une épée dans laquelle ses jambes s'embarrassent à chaque pas.

TIRECHAPPE, prenant les grandes allures et le ton du commande-
ment. — A Mistigris.

Vous me suivez, monsieur Simplice ?

MISTIGRIS.

Me voici, monsieur le baron.

TIRECHAPPE.

Faites ici votre service,
Et suivez-moi de large en long.

MISTIGRIS.

De large en long !

A part.

Hélas ! J'aurai bien de la peine,
Ce maudit sabre-là me gêne !

Haut.

De large en long !
Me voici, monsieur le baron.

Il s'embarrasse dans son épée et manque de tomber.

LES DOMESTIQUES, riant sous cape.

Ah ! ah !
Ah ! ah !
Comme ils sont drôles, ces gens-là !
Ah ! ah !
Ah ! ah !
Ah ! les bons types que voilà !

TIRECHAPPE, furieux.

Voulez-vous bien vous en aller !...

MISTIGRIS.

Hors d'ici, marauds !...

Ils les chassent.

SCÈNE III

TIRECHAPPE, MISTIGRIS.

TIRECHAPPE.

Qu'est-ce qu'ils ont à rire, ces imbéciles-là ?...

MISTIGRIS.

Je ne sais pas, p'pa... Je crois qu'ils se moquent de nous...

TIRECHAPPE.

Ils ne nous ont donc pas regardés...

MISTIGRIS.

Nous sommes pourtant un peu ficelés...

TIRECHAPPE.

Je te crois... nous sommes dans les habits de gala des la Roche-Trumeau tout simplement. Nous les avons trouvés dans leurs bagages... Malheureusement, nous ne sommes pas tout à fait de la même taille. Je suis un peu serré.

MISTIGRIS.

Moi... c'est le contraire... je suis trop à mon aise... je flotte... et puis, le sabre me gêne.

TIRECHAPPE.

C'est un détail... tu t'y feras... L'important, vois-tu, c'est que nous ayons un beau costume et nous l'avons... Je suis tout en or !

MISTIGRIS.

Moi, tout en argent.

TIRECHAPPE.

Avec ça, mon fils, on réussit toujours !... (Changeant de ton.) Mistigris, nous allons entreprendre ensemble un travail que tu n'as pas encore exécuté... Il ne s'agit pas, cette fois, d'opérer sur les places publiques, mais de nous transformer instantanément en gens du monde, en grands seigneurs aimables, distingués et spirituels... Pour cela que nous faut-il ? De la grâce, de l'esprit, du naturel, pas davantage !...

MISTIGRIS, avec noblesse.

Entrez, mesdames et messieurs, prenez vos places, on ne paie qu'en sortant !...

TIRECHAPPE.

Parfait!... Tu es dans la note... Mais ce n'est pas tout...
écoute-moi.

COUPLETS.

I

Mon fils, nous voici dans le monde,
C'est un endroit très fréquenté,
Où chacuu s'ennuie à la ronde,
Dans la bonne société.

MISTIGRIS, parlé.

Oui, papa!

TIRECHAPPE.

On porte un habit qui vous gêne,
On a du mal à respirer,
On ne rit pas, on parle à peine,
On ne pense qu'à s'en aller.

MISTIGRIS, même jeu.

Oui, papa!

TIRECHAPPE.

Dans cet endroit où chacun pose,
Tu vas pénétrer avec moi :
Tâche d'avoir à forte dose
Le tout petit je ne sais quoi!

MISTIGRIS, même jeu.

Oui, papa!

TIRECHAPPE.

De l'allure,
De la tournure,
Du doigté,
Du velouté :
Et voilà comme,
Et voilà comme
On vous a l'air d'un gentilhomme!

II

Dans un salon, lorsque l'on entre,
Pour saluer un invité,
Ne pas lui taper sur le ventre :
Il paraît que c'est mal porté.

MISTIGRIS, parlé.

Oui, papa!

TIRECHAPPE.

A table, pour montrer sa grâce,
Ne pas jongler avec les plats :
D'abord, il faut craindre la casse,
Et puis, cela ne se fait pas!

MISTIGRIS, même jeu.

Non, papa!

TIRECHAPPE.

Enfin, pour vous mettre à votre aise,
Lorsque le maître de céans
Poliment vous offre une chaise,
Ne pas la prendre avec les dents!

MISTIGRIS, même jeu.

Non, papa!

ENSEMBLE.

De l'allure,
De la tournure,
Etc.

MISTIGRIS.

Seulement, tu sais, p'pa, ça me navre...

TIRECHAPPE.

Pourquoi?

MISTIGRIS.

Quand je pense que Benvenuta est là, à côté, qui se fait
belle pour en épouser un autre... Ah! je souffre!...

TIRECHAPPE.

C'est un détail... tu t'y feras...

MISTIGRIS.

Je n'ai plus qu'un espoir, c'est que le duc s'aperçoive
de tout et nous flanque à la porte.

TIRECHAPPE.

Veux-tu te taire!...

MISTIGRIS.

Ça me ferait plaisir.

TIRECHAPPE.

Silence ! Et parlons d'autre chose... Tu as bien fait ce matin tout ce que je t'avais recommandé ?

MISTIGRIS.

Oui, p'pa... Les camarades sont là... Tiens ! les voici... (De gauche arrivent Malbranchu, Gigolet et Quatrebras déguisés en domestiques et portant, l'un une serviette, l'autre un plumeau et le troisième un plateau. — Ils disparaissent à droite après leur avoir adressé un signe d'intelligence.) Hein ?... comment les trouves-tu ?

TIRECHAPPE.

Très bien !... Et les la Roche-Trumeau ?

MISTIGRIS.

Il paraît qu'ils ont fait une vie du diable, mais ce matin ils étaient plus calmes. J'ai recommandé de redoubler de surveillance...

TIRECHAPPE.

Parfait ! Rien ne gênera notre opération... Maintenant, attention à nos rôles... Voilà le duc et son fils... Tiens-toi droit et, avant qu'on nous adresse la parole, ne bougeons plus !...

Ils prennent une pose.

SCÈNE IV

Les Mêmes, LE DUC, AGÉNOR, BENOIT,
puis La Famille.

AGÉNOR, entrant avec le duc et Benoît.

Alors, mon père, vous exigez bien décidément que j'épouse cette jeune fille ?

LE DUC.

Il le faut, mon fils... Il est impossible de reculer, pour des raisons majeures, que Benoît connaît... N'est-ce pas, Benoît?...

BENOIT.

Oui, monsieur le duc.

LE DUC, à part.

Je viens de faire un emprunt sur la dot.

AGÉNOR.

Mais je vous ai fait observer, mon père, que je ne l'aime pas et ne puis l'aimer...

LE DUC.

Ça ne fait rien, vous l'aimerez tout de même.

AGÉNOR.

Jamais!

MISTIGRIS, qui pendant ce temps est resté immobile et souriant ainsi que Tirechappe, bas.

Est-ce qu'ils vont nous laisser longtemps comme ça?...

TIRECHAPPE, de même.

Nous ferions peut-être bien de saluer...

MISTIGRIS.

Saluons, p'pa!

TIRECHAPPE, toussant.

Hum! hum!

LE DUC, à Agénor.

Ah! voici le baron et son jeune secrétaire...
Tirechappe et Mistigris font un appel du pied et saluent d'une façon ridicule.

AGÉNOR.

Qu'est-ce qu'ils font?...

LE DUC.

Vous voyez bien... ils nous saluent... (Saluant aussi.) Cher baron...

TIRECHAPPE.

Cher duc, cher comte... vous passâtes une bonne nuit?... Nous aussi... nous dormîmes à merveille... Nous ronflâmes, même...

AGÉNOR, au duc.

Quel langage et quelle tenue!...

LE DUC.

Ils n'ont pas encore le cachet parisien... Ça viendra... (A Tirechappe.) Mais je n'aperçois pas votre fille...

TIRECHAPPE.

Benvenu... (Se reprenant vivement.) Lucinde!... Elle s'ajuste, cher duc, elle s'ajuste, dans le pavillon que vous nous avez réservé...

Il désigne la gauche.

MISTIGRIS, avec un soupir.

Oui... elle se pomponne... (Désignant Agénor.) pour lui!...

AGÉNOR, froissé.

Lui!...

LE DUC, à Tirechappe.

En attendant, si vous le voulez bien, je vais vous présenter à la famille...

TIRECHAPPE, faisant des grâces.

A la famille!... Comment donc!...

MISTIGRIS.

Il faut bien se lier!...

LE DUC, en confidence, après avoir fait un signe à Benoît, qui disparaît un moment.

Ce sont les parents à héritage...

TIRECHAPPE, ravi.

Ah! ah! ah! (Dans sa joie, il donne une tape amicale sur le ventre du duc.) Tenez! tenez!... voilà qui me fait bien plaisir.

LE DUC, étonné.

Hein?...

AGÉNOR, bas.

Sont-ils assez communs !

LE DUC, à part.

En effet, ils ne sont pas très distingués !...

BENOIT, annonçant.

La famille !...

Musique de scène. — Entre la famille, composée de vieux nobles gourmés et raides.

LE DUC, présentant.

Notre tante Brunehaut de la Vieille-Branche...

TIRECHAPPE.

Riche?

LE DUC.

Cinq cent mille livres.

TIRECHAPPE.

Quel âge?

LE DUC.

Soixante-dix-sept.

TIRECHAPPE, très gracieusement.

Alors, nous n'attendrons pas longtemps.

MISTIGRIS.

C'est un héritage dans le sac !

LA TANTE, suffoquée.

Oh !...

Elle remonte vers la famille, qui semble indignée.

LE DUC, à part.

Ils sont désastreux ! La famille va se fâcher. (A Tire-chappe.) Votre fille, où est votre fille?...

TIRECHAPPE.

Je vous l'ai dit, elle s'ajuste...

LE DUC.

Qu'elle vienne tout de suite, il n'est que temps !...

TIRECHAPPE, inquiet.

Comment !... Est-ce que je n'aurais pas produit une bonne impression ?

MISTIGRIS.

Nous n'avons pas mordu ?

LE DUC.

Pas mordu du tout !...

TIRECHAPPE.

Sapristi !...

MISTIGRIS, à part.

Qu'est-ce qu'il leur faut ?

LE DUC.

Et si votre fille ne fait pas un meilleur effet...

TIRECHAPPE.

Nous sommes flambés ?...

LE DUC.

Vous l'avez dit !...

MISTIGRIS, à part.

O bonheur !

TIRECHAPPE, vivement.

Je cours la chercher !...

BENOIT, annonçant de gauche.

Mademoiselle Lucinde de la Roche-Trumeau !...

Musique.

TIRECHAPPE, à part.

Ah !... Pourvu qu'elle se rappelle bien mes recommandations... Je lui ai dit d'avoir l'air d'une demoiselle du meilleur monde !...

SCÈNE V

LES MÊMES, SUIVANTES, LES GENS DE SERVICE,
BENVENUTA.

MORCEAU D'ENSEMBLE.

CHOEUR.

Nous allons voir la jeune fille,
Elle va paraître à nos yeux,
Espérons qu'elle sera mieux
Et ne tiendra pas de famille !

LES PARENTS, à part.

Mais c'est égal,
Nous augurons mal,
Et le disons en confidence :
Nous n'avons nulle confiance !

LES PAGES, sortant du pavillon de gauche.

Voici venir la demoiselle,
Les yeux baissés comme il convient,
Admirez son gentil maintien :
Elle est aussi sage que belle !
Voici venir la demoiselle !

TIRECHAPPE, bas.

Mistigris ! Je respire à peine !

MISTIGRIS, de même.

Comment va-t-elle s'en tirer ?

TIRECHAPPE, bas.

Ne soufflons pas un mot, retenons notre haleine !

MISTIGRIS.

Je n'ose pas la regarder !

Benvenuta est entrée lentement, les yeux baissés, l'allure d'une
jeune fille innocente et timide. Elle est en riche costume de
mariée.

BENVENUTA.

Mesdames et messieurs, je vous fais révérence,
Et j'implore avant tout votre extrême indulgence!

TOUS.

Tiens! c'est étonnant!
Elle est très gentille!
Quel minois charmant,
L'adorable fille!
Elle est vraiment bien,
De bonne manière,
Et ne tient en rien
De monsieur son père!

TIRECHAPPE, à part, avec joie.

Elle fait
De l'effet!
Nous gagnons la partie!

MISTIGRIS, à part.

Hélas! qu'elle est jolie!

BENVENUTA.

ARIETTE.

O mon couvent! mon cher couvent,
Où s'abrita ma tendre enfance,
A toi je pense en ce moment,
Doux séjour de mon innocence!
O mon couvent!

TOUS.

O son couvent!

BENVENUTA.

O mes petits oiseaux!
Qu'aimait votre maîtresse,
Qui donc aujourd'hui vous caresse,
Et qui vous donne des gâteaux?
O mes oiseaux!

TOUS.

O ses oiseaux!

BENVENUTA.

Et mon petit rosier
Au bord de ma fenêtre,
Sans moi tu vas mourir peut-être !
Dieu ! si l'on allait t'oublier,
O mon rosier !

TOUS.

O son rosier !

BENVENUTA.

O mon couvent, mon cher couvent !
Où s'abrita ma tendre enfance,
A toi je pense en ce moment,
Doux séjour de mon innocence !
O mon couvent !

TOUS.

Ah ! décidément
Elle est très gentille,
Etc.

TIRECHAPPE, fièrement, sur le ton du boniment.

Ma fille, mesdames et messieurs !... Vingt ans à peine, possède toutes les qualités pour rendre heureux le mari le plus récalcitrant et le plus difficile ! Pas de concurrence possible ! Nous ne craignons personne !

MISTIGRIS, sur le même ton.

Et si vous êtes contents, nous nous recommandons à votre bienveillance.

Il prend son chapeau à la main et s'apprête à faire le tour de la société.

TIRECHAPPE, bas, l'arrêtant.

Qu'est-ce que tu fais ?...

MISTIGRIS.

Tiens ! C'est vrai !... je m'emballais !...

LE DUC, effaré, à Tirechappe.

Observez-vous !

TIRECHAPPE, changeant de ton et avec noblesse.

Ma fille, mesdames et messieurs !...

LE DUC, allant à Agénor.

Eh bien, mon fils, que dites-vous de votre future femme ?

AGÉNOR.

Mon Dieu ! mon père, je suis un peu surpris, je l'avoue !... A part la famille, qui n'est vraiment pas ordinaire, la jeune fille n'est pas mal, mais ma résolution est formelle, je ne veux pas l'épouser...

LE DUC.

Bah !... Un tête-à-tête vous fera sûrement changer d'avis... On va vous laisser seul avec elle et vous allez lui faire votre cour...

AGÉNOR.

Comme vous voudrez, mais c'est tout à fait inutile !...

LE DUC, sans l'écouter. — Haut.

Mesdames et messieurs, si vous le voulez bien, nous allons nous retirer pour laisser ces jeunes gens quelques instants ensemble...

MISTIGRIS, éclatant.

Ensemble !... Elle avec lui ! Lui avec elle !... Jamais, je m'y oppose !...

TOUS.

Hein ?

LE DUC.

Ah ! mais ! Qu'est-ce qu'il a donc, votre secrétaire ?...

TIRECHAPPE.

Rien ! c'est la joie... Il est très nerveux, ne faites pas attention... (Bas, à Mistigris.) Pas d'éclat public, tu ferais tout rater !

MISTIGRIS.

Non !... Je ne peux pas voir ça !...

LE DUC, à tout le monde.

Allons !

REPRISE.

Ah! décidément
Elle est très gentille,
Etc.

Tout le monde se retire. — Benvenuta et Agénor restent seuls.

SCÈNE VI

BENVENUTA, AGÉNOR.

AGÉNOR, à part.

Ah! c'est ainsi!... On veut me faire épouser cette jeune
fille de force!... Eh bien! je vais lui parler, moi, et nous
verrons bien...

BENVENUTA, à part.

Me voilà seule avec lui... que va-t-il me dire?...

AGÉNOR, la regardant à la dérobée, à part.

C'est vrai!... Elle est gentille... mais elle ne pourra jamais me faire oublier l'autre... Allons! ne nous laissons
pas intimider. (Haut.) Mademoiselle...

BENVENUTA.

Monsieur?...

AGÉNOR.

Vous êtes charmante...

BENVENUTA, avec joie.

Ah!

AGÉNOR.

Tout à fait charmante... On veut nous marier ensemble...

BENVENUTA.

Oui, monsieur...

AGÉNOR.

C'est un grand honneur pour moi...

BENVENUTA, protestant.

Oh!...

AGÉNOR.

Si! si!... Un très grand honneur...

BENVENUTA.

Je suis confuse...

AGÉNOR.

Mais je ne vous épouserai jamais...

BENVENUTA.

Hein? Pourquoi?

AGÉNOR, avec une hésitation.

Parce que... parce que j'en aime une autre!... (A part.)
Ça y est!...

BENVENUTA, vivement..

Une autre?... Vous en aimez une autre?... Qui?...

AGÉNOR.

Ah! voilà... Je n'en sais rien... C'est toute une aventure... L'autre nuit, je passais dans un endroit très écarté,
lorsque tout à coup, des gens de mauvaise mine s'élan-
cèrent sur moi... j'étais perdu...

BENVENUTA, avec joie.

Ah!

AGÉNOR

Quoi?

BENVENUTA, se remettant.

Rien... Continuez...

AGÉNOR.

J'étais perdu, quand une inconnue se jeta bravement
entre eux et moi et, par son heureuse intervention, me
sauva la vie...

BENVENUTA, souriant.

Une femme... jolie?

4.

AGÉNOR.

Elle doit l'être... Dans l'obscurité, je n'ai pu voir son visage, mais l'amour ne se trompe pas, j'ai senti mon cœur aller à elle et je lui appartiens...

BENVENUTA, s'oubliant.

Ah! quel bonheur! quel bonheur!...

AGÉNOR.

Cela vous fait plaisir!... Tant mieux, alors, car cela m'encourage à vous adresser une prière.

BENVENUTA.

Une prière?...

AGÉNOR.

Oui... Mon père veut absolument que notre mariage se fasse... Un refus de moi serait inutile, tandis que...

BENVENTA.

Quoi?

AGÉNOR.

S'il venait de vous...

BENVENUTA.

De moi?... vous voulez que je vous refuse, moi?...

AGÉNOR.

Je vous le demande comme une grâce, comme un service véritable...

BENVENUTA,

Oh! monsieur!...

DUO.

ENSEMBLE.

BENVENUTA.	AGÉNOR.
Ah! l'étrange demande!	Cédez à ma demande,
Et que me dit-il là?	Et l'on vous bénira.
Vrai, ma surprise est grande.	L'amour que l'on commande
Que répondre à cela?	Jamais ne durera!

BENVENUTA, à part.

Quelle aventure singulière!
C'est moi qu'il refuse et pour moi!

AGÉNOR.

Eh bien?

BENVENUTA.

Eh bien, à votre père,
Il faut, en refusant, que je dise pourquoi :
Il faut, la chose est claire,
Un motif.

AGÉNOR.

Un motif.

BENVENUTA.

Un motif
Décisif.
Voyons, monsieur, donnez-moi le motif!

AGÉNOR.

Vous direz que je suis volage,
Que je n'aime que le plaisir,
Vous direz que ce mariage
Ne saurait pas vous convenir!

BENVENUTA.

Monsieur, je ne sais pas mentir!

AGÉNOR.

Vous direz que je suis colère,
Et tapageur et querelleur,
Vous direz que mon caractère
Ne saurait gagner votre cœur!

BENVENUTA.

Monsieur, mon cœur n'est pas menteur!

AGÉNOR.

Vous direz — la chose est possible —
Que vous me trouvez des plus laids,
Vous direz que je suis horrible,
Vous direz que je vous déplais!

BENVENUTA.

Non, monsieur, je ne mens jamais !

ENSEMBLE.

BENVENUTA.	AGÉNOR.
Ah ! l'étrange demande !	Cédez à ma demande !
Etc.	Etc.

AGÉNOR, avec colère.

Eh bien ! d'une telle contrainte
Vous vous repentirez !

BENVENUTA, gaiement.

Non, non ! je n'en ai nulle crainte !
De vous, je n'ai pas peur.
Je connais mon empire,

Et pour calmer votre fureur,
Je possède, il faut vous le dire,
Un moyen !

AGÉNOR.

Un moyen !

BENVENUTA.

Un moyen
Très certain !
Et ce moyen,
C'est un refrain !

AGÉNOR, haussant les épaules et s'éloignant.

Un refrain !

BENVENUTA, a mi-voix.

Le léger nuage
Qui glisse dans l'air
Ou, sur le rivage,
Le flot vif et clair,
La brise qui passe
Avec un frisson,
L'oiseau dans l'espace,
Disent-ils leur nom ?

AGÉNOR, revenant à elle.

O ciel ! cette chanson,

Que j'ai dans la nuit entendue!
C'est vous! c'est toi! mon inconnue!

BENVENUTA.

C'est moi!

AGÉNOR.

C'est toi!

ENSEMBLE.

O charmante ivresse
Qui grise mon cœur!
Ma }
Sa } colère cesse.
Je tiens le bonheur!
Par une joie extrême
Nous sommes envahis,
Oui! c'est l'amour lui-même
Qui nous a réunis!

A la fin du duo, Agénor va prendre Benvenuta dans ses bras,
mais il s'arrête, frappé d'une idée.

AGÉNOR.

Mais un instant... Comment se fait-il que n'étant arrivée
qu'hier, vous ayez pu me sauver, la nuit d'avant?...

BENVENUTA, à part.

Ah! mon Dieu!... Je n'avais pas songé à ça!... (Haut.)
Eh bien! mettez, si vous voulez, qu'il y a quelque magie
là-dessous...

AGÉNOR.

Pourtant...

BENVENUTA.

Qui vous dit que je ne suis pas un peu sorcière?...

AGÉNOR.

Sans doute, mais...

BENVENUTA.

Mais, mais!... Si je veux garder ce mystère pour moi!...
Allez-vous déjà être méfiant et soupçonneux?...

AGÉNOR.

Non! non!... Que m'importe après tout?... Mon inconnue et vous ne font qu'une, cela me suffit et je m'incline!...

BENVENUTA.

A la bonne heure!

Agénor met un genou en terre et lui baise la main. — Le duc qui a paru au fond, a fait un signe et tout le monde est arrivé sans bruit.

SCÈNE VII

LES MÊMES, TIRECHAPPE, LE DUC, MISTIGRIS, BENOIT, LA FAMILLE, LES INVITÉS.

TOUS.

Oh!...

Agénor et Benvenuta se séparent vivement.

MISTIGRIS.

Aux genoux de celle que j'aime!

LE DUC.

Je ne puis en croire mes yeux! Vous, mon fils, vous!

AGÉNOR.

A genoux devant ma fiancée, oui, mon père... Vous aviez raison, et je vous demande pardon d'avoir douté de votre choix... (Prenant Benvenuta par la main.) Mes amis, mes excellents amis, j'ai l'honneur de vous présenter ma femme!

COUPLETS.

I

Un ange du ciel descendu,
La beauté, la grâce elle-même
Idéal en rêve entrevu,
Ce qu'on désire et ce qu'on aime!
Dans un joli corps de vingt ans,
Tout le charme de la jeunesse
Et le sourire du printemps :
Je vous présente la comtesse!

BENVENUTA.

A ce portrait par trop flatté
Dont l'indulgence m'effarouche,
Pour l'amour de la vérité,
Permettez-moi quelque retouche...

II

Beaucoup moins ange que démon,
Esprit léger, méchante tête,
Autant de mauvais que de bon,
Pas mal bavarde, assez coquette,
Enfin, sans me faire valoir,
Peut-être un peu de gentillesse,
Avec cela, du bon vouloir :
Je vous présente la comtesse !

TOUS.

Charmante ! Délicieuse !

MISTIGRIS.

Ah ! je souffre !

TIRECHAPPE, s'animant.

Ma fille, mesdames et messieurs, c'est ma fille, vingt
ans...

LE DUC, l'arrêtant.

C'est bon !... Vous l'avez déjà dit !... Vous êtes d'une
exubérance... (Haut, à tout le monde.) Pendant que l'on va
dresser le contrat, nous allons passer dans les salons où
j'ai fait préparer une petite collation.

TIRECHAPPE.

Bonne idée, la collation ! Allons, le bras aux dames, et
suivez ! Suivez le monde !...

LE DUC.

Mais taisez-vous donc ! Vous êtes d'une exubérance !

TIRECHAPPE, à part.

Impossible de placer un mot avec lui !...

LE DUC.

Allons !...

AGÉNOR, offrant son bras à Benvenuta.

Mademoiselle...

BENVENUTA.

Monsieur...

Musique de scène. — Sortie générale par la droite.

TIRECHAPPE, à Mistigris, pendant que l'on sort.

Venez manger, monsieur Simplice...

MISTIGRIS, sombre.

Je n'ai pas faim, monsieur le baron...

TIRECHAPPE.

Venez boire, alors...

MISTIGRIS.

Je n'ai pas soif non plus, monsieur le baron...

Ils sont restés seuls.

TIRECHAPPE, le poussant.

Eh bien! va tout de même!... (Sortant derrière lui.) Ça marche! ça marche!...

SCÈNE VIII

LA ROCHE-TRUMEAU, LUCINDE, SIMPLICE.

LUCINDE, entrant de gauche avec Simplice, et tirant la Roche-Trumeau encore plus éteint qu'au premier acte.

Allons, venez, papa!

SIMPLICE.

Venez, monsieur le baron.

LA ROCHE-TRUMEAU.

C'est bon... Je viens... mais ne me bousculez pas ; je n'en peux plus... Laissez-moi me rappeler... (S'asseyant sur une chaise que lui avance Simplice.) Que d'événements!... Nous arrivons d'Auxerre... Nous sommes enlevés par des sal-

timbanques... Nous passons toute la nuit sur une botte
de paille, à côté de gens mal élevés. On nous donne de
l'eau et du pain sec... Ecoutez, mes enfants, j'ai été beaucoup dans le monde : jamais je n'ai été reçu comme ça...

SIMPLICE.

Moi, non plus.

LUCINDE.

C'est abominable!... Heureusement que, moi, je ne
perds jamais la tête... Oh! si vous ne m'aviez pas!... J'a-
vais réussi à dissimuler une bague de prix... en la mettant là... dans mon corsage, où les brigands n'ont pas eu
l'idée de faire perquisition.

LA ROCHE-TRUMEAU.

Heureusement!

LUCINDE.

J'ai pu séduire un de nos gardiens... il nous a fait fi-
ler... et nous voilà chez le duc... il va s'expliquer.

LA ROCHE-TRUMEAU, tranquillement.

Oui... il va s'expliquer... Seulement, ça doit être un
malentendu...

LUCINDE, bondissant.

Un malentendu!... Il appelle ça un malentendu!...
Nous faire enlever tous les trois par des brigands...

LA ROCHE-TRUMEAU.

Il y aura eu erreur. (Regardant autour de lui.) Tiens! Du
reste, regarde ces salons en fête, ce monde qui circule
là-bas, en toilette! Ma fille c'est pour ton mariage. On
nous attend...

LUCINDE.

Oh! papa, vous me feriez sortir de mon caractère...

BENOIT, à un domestique qui entre, portant un coffret.

Portez ces présents dans la chambre de la mariée.

Il sort.

5

LA ROCHE-TRUMEAU.

Là !... Qu'est-ce que je disais... (Allant au domestique.) Donnez-moi ça.

LE DOMESTIQUE, résistant.

Mais...

LA ROCHE-TRUMEAU, avec autorité.

Donnez !... C'est pour nous. (Le domestique s'éloigne. — Ouvrant le coffret et regardant.) Oh ! superbe... Magnifique... des diamants...

LUCINDE, se rapprochant vivement.

Des diamants !... Ah !... Voyons...

LA ROCHE-TRUMEAU.

Quel goût !... Tu peux les mettre, c'est pour toi !

LUCINDE.

On peut toujours essayer, n'est-ce pas?... Aidez-moi, monsieur Simplice.

SIMPLICE, avec désespoir.

Oh !

LA ROCHE-TRUMEAU.

Tu es charmante !

LUCINDE.

Oui, ça me va bien...

LA ROCHE-TRUMEAU.

Eh bien! Tu vois?... Tu vas te marier... Maintenant, il est temps que je te fasse un aveu important...

LUCINDE.

Ah !...

LA ROCHE-TRUMEAU.

Oui... (A Simplice.) Monsieur Simplice, allez voir là-bas si j'arrive... (Prenant Lucinde à part.) Ma fille, mon enfant, ton père a été jeune, beau, spirituel, étincelant... Un jour.

LUCINDE, regardant à droite.

Papa! Du monde...

LA ROCHE-TRUMEAU.

Il est dit que je ne pourrai jamais te le raconter...

LUCINDE.

C'est le duc et son fils...

SCÈNE IX

LES MÊMES, TIRECHAPPE, MISTIGRIS.

TIRECHAPPE, venant de droite avec Mistigris. Ils ont chacun un
verre à la main.

Eh bien! Ça va-t-il mieux?...

MISTIGRIS, un peu gris.

Oui... Je m'étourdis... ça console un peu...

TIRECHAPPE.

A ta santé!... (Il va porter le verre à ses lèvres, quand il aperçoit les la Roche-Trumeau. — Avec un grand cri.) Ah!...

MISTIGRIS.

Oh!...

TIRECHAPPE.

Les la Roche-Trumeau ici!!

MISTIGRIS, à part.

Du grabuge! ça me va!...

LUCINDE, poussant la Roche-Trumeau.

Allez donc!

LA ROCHE-TRUMEAU.

Oui! oui!... (Allant à Tirechappe.) Ça va bien?

TIRECHAPPE, très gêné.

Pas trop mal, je vous remercie...

Il lui tend la main.

LA ROCHE-TRUMEAU.

Dites donc, vous nous en avez fait une bien bonne, vous...

TIRECHAPPE.

Moi!... Quoi donc?...

LA ROCHE-TRUMEAU.

Comment, quoi donc?... Mais l'enlèvement!

LUCINDE, appuyant.

Le rapt!...

TIRECHAPPE, faisant l'étonné.

Quel rapt?... Ce n'est pas moi...

LUCINDE.

Ce n'est pas vous?... menteur!...

LA ROCHE-TRUMEAU, la calmant.

Lucinde...

TIRECHAPPE.

C'est un malentendu.

LA ROCHE-TRUMEAU, à Lucinde.

Là!... qu'est-ce que je te disais... Il y a eu erreur...

TIRECHAPPE, vivement.

Oui, oui, oui!... (Bas, à Mistigris.) Quelle situation!... Si on venait!...

MISTIGRIS, gaîment.

Ça serait drôle!...

LA ROCHE-TRUMEAU.

Vous nous attendiez?...

TIRECHAPPE.

Comment donc!... Je me disais même : Ils sont un peu en retard. (A part.) Comment m'en débarrasser?...

LA ROCHE-TRUMEAU.

Vous savez que nous sommes très contents des diamants?

LUCINDE.

Ils me vont très bien.

TIRECHAPPE.

Quels diamants?

LA ROCHE-TRUMEAU.

Les diamants que vous offrez à ma fille...

MISTIGRIS, galant.

On dirait une chasse...

TIRECHAPPE, à part.

Ils ont dévalisé la corbeille...

LA ROCHE-TRUMEAU.

Eh bien, à présent, il n'y a plus qu'à les marier...

TIRECHAPPE.

Oh!... (A part.) J'en ai chaud!

LA ROCHE-TRUMEAU, à Mistigris.

Monsieur le comte, donnez le bras à ma fille et passons dans les salons...

MISTIGRIS, à part.

Dans les salons!... Ah! bien... ça va faire un effet!

TIRECHAPPE, s'interposant.

Non!... Non... pas dans les salons!...

LA ROCHE-TRUMEAU.

Pourquoi?

TIRECHAPPE.

Vous n'êtes pas présentables!... Ça n'est pas une tenue pour un contrat... Tenez, entrez là dans ce pavillon... faire un bout de toilette... (A part.) Je vais les mettre sous clef.

LA ROCHE-TRUMEAU.

Un bout de toilette... Je veux bien... Allons, Lucinde...

TIRECHAPPE.

Allez!...

SCÈNE X

Les Mêmes, BENVENUTA.

BENVENUTA, accourant de droite.

Eh bien! voyons, papa! qu'est-ce que tu fais?... On t'attend pour mon contrat.

LA ROCHE-TRUMEAU, LUCINDE et SIMPLICE, s'arrêtant.

Son contrat!...

TIRECHAPPE, bas.

Sapristi!. . Tais-toi!...

BENVENUTA, continuant sans les voir.

Ah! que je suis heureuse! mademoiselle Lucinde de la Roche-Trumeau, bientôt comtesse de la Cérisaie... quelle situation pour une simple petite bohémienne!

LA ROCHE-TRUMEAU, LUCINDE, SIMPLICE.

Une bohémienne!...

TIRECHAPPE, à part.

Patatras!...

MISTIGRIS, de même.

Ça y est... ça se gâte...

LA ROCHE-TRUMEAU.

Une bohémienne!... Ah çà! qu'est-ce que ça veut dire?... je n'y suis pas...

LUCINDE.

Eh bien! j'y suis, moi, et je vais vous l'expliquer! (se campant.) Ces gens-là sont des intrigants qui ont pris notre place.

LA ROCHE-TRUMEAU.

Notre place!...

LUCINDE, se montant.

Oui, notre place !... Oh ! ça m'est égal... je n'y tiens pas
à ce mariage-là...

LA ROCHE-TRUMEAU, même jeu.

Elle n'y tient pas.

LUCINDE.

Non... seulement ce qui me révolte, c'est de voir que
cette demoiselle ait osé se servir de mon noble nom, de
mes nobles titres, pour voler l'amour d'un gentilhomme.

BENVENUTA.

Voler !

LUCINDE.

Oui, voler !... c'est bas, c'est mesquin !... Mais ça ne vous
portera pas bonheur, allez, ma petite !... N'est-ce pas,
papa, que ça ne lui portera pas bonheur ?...

LA ROCHE-TRUMEAU.

Et ça ne se passera pas comme ça !

TIRECHAPPE, à part.

Tranchons dans le vif... (Allant à la Roche-Trumeau.) Eh
bien, oui, vieux Trumeau, j'ai pris ta place et j'entends
la garder !...

LA ROCHE-TRUMEAU.

Hein ?... Il me tutoie !...

TIRECHAPPE.

Et comme tu sais tout, cela me met dans la nécessité
de te faire disparaître une seconde fois.

LA ROCHE-TRUMEAU.

Encore !

LUCINDE.

Toujours, alors !...

LA ROCHE-TRUMEAU.

Tout le temps !...
Tirechappe donne un signal, Malbranchu, Quatrebras, Gigolet
surgissent.

SCÈNE XI

LES MÊMES, MALBRANCHU, QUATREBRAS, GIGOLET.

MALBRANCHU, QUATREBRAS, GIGOLET.

Présents !

LUCINDE, LA ROCHE-TRUMEAU et SIMPLICE, épouvantés.

Oh !...

LA ROCHE-TRUMEAU.

Mais ce sont les mêmes qu'hier !... Je reconnais le grand !...

TIRECHAPPE, avec autorité.

Suivez ces messieurs...

LA ROCHE-TRUMEAU.

Mais...

TIRECHAPPE.

Suivez-les !...

LA ROCHE-TRUMEAU, dominé.

Bien ! bien !... (A Malbranchu qui l'emmène.) Au moins, traitez-nous un peu mieux qu'hier...

Ils sortent, Lucinde se débattant contre Gigolet qui veut la prendre par le bras.

TIRECHAPPE.

Ouf !... Et maintenant rentrons !...

MISTIGRIS, le suivant.

Pas de chance !...

Ils rentrent à droite. Benvenuta reste seule.

SCÈNE XII.

BENVENUTA, seule.

Voler l'amour d'un gentilhomme !... C'est vrai, je n'avais pas pensé à cela... Papa et Mistigris avaient l'air de trouver ce que nous faisions tout naturel et, moi, je les suivais sans réfléchir... Mais je comprends maintenant... C'est mal, très mal... En l'épousant, je le trompe... Ce n'est pas moi qu'il croit aimer, c'est l'autre et, s'il savait qui je suis, son langage serait-il le même?... (Apercevant Agénor qui sort des salons.) Lui!... Oh ! je vais bien voir...

SCÈNE XIII

BENVENUTA, AGÉNOR.

AGÉNOR.

C'est moi, ma charmante Lucinde... Je vous cherchais... Le contrat est dressé, tout le monde va se rendre ici pour la signature et je viens voir si vous êtes prête.

BENVENUTA, très émue.

Oui, oui... mais auparavant, je voudrais vous demander une chose.

AGÉNOR.

Demandez...

BENVENUTA.

Est-ce bien pour moi, pour moi seule, pour ma personne, que vous consentez à me donner votre nom?...

AGÉNOR.

Sans doute...

BENVENUTA.

Ainsi vous ne tenez ni à ma fortune, ni à ma naissance?...

AGÉNOR.

Quelle idée...

BENVENUTA.

Répondez-moi, je vous en prie...

AGÉNOR.

Eh bien !... A votre fortune, non... à votre naissance, c'est différent...

BENVENUTA.

Ah!... vous y tenez?...

AGÉNOR.

Il le faut bien... Je suis gentilhomme et je ne pourrais jamais épouser une femme qui ne serait pas digne du nom que je porte...

BENVENUTA.

Ah!... jamais?...

AGÉNOR.

Mais pourquoi cette question, puisque dans notre mariage, nous trouvons tout réuni, l'amour et la naissance?...

BENVENUTA, s'animant.

Et si je vous avais trompé, pourtant?...

AGÉNOR.

Quelle folie!...

BENVENUTA.

Si je vous le disais?...

AGÉNOR.

Si vous me le disiez...

BENVENUTA.

Oui!...

AGÉNOR.

Je ne vous croirais pas et je vous répondrais:

AIR.

Prenez mon cœur, il est à vous,
Tout entier je vous l'abandonne :
Lorsque l'on a des yeux si doux,
On ne saurait tromper personne !

J'ai mis ma main dans votre main,
Ma bouche vous a dit : je t'aime.
Suivons donc le même chemin
Et devenez ma foi suprême !
Le berger perdu dans la nuit,
Dans la nuit obscure et perfide,
Dirige son regard timide
Vers l'étoile qui le conduit :
Je vous regarde comme lui
Et je viens vous dire aujourd'hui :
Soyez l'étoile qui me guide !...

Prenez mon cœur, il est à vous,
Tout entier je vous l'abandonne :
Lorsque l'on a des yeux si doux,
On ne saurait tromper personne !...

BENVENUTA, à part.

O mon Dieu !

AGÉNOR.

Mais c'est trop longtemps retarder notre bonheur...
Allons ! je vais chercher tout le monde et dans un instant je reviens.. A tout à l'heure, comtesse !...

Il s'en va en lui envoyant un baiser.

SCÈNE XIV

BENVENUTA, puis MISTIGRIS.

BENVENUTA.

Comtesse !... Oh ! non ! non ! Je ne veux pas !... C'est
impossible !... Mais comment faire ?...

MISTIGRIS, sortant des salons en s'éventant avec son mouchoir.

Il fait une chaleur dans ces salons...

BENVENUTA, l'apercevant.

Ah! Mistigris!... Quelle idée!... (Courant à lui.) Mistigris!...

MISTIGRIS.

Quoi? Qu'est-ce que vous me voulez?...

BENVENUTA, vivement.

Tu m'aimes toujours, n'est-ce pas?

MISTIGRIS.

Si je vous aime! Vous me le demandez!... Mais vous voyez bien que je meurs de voir que vous en épousez un autre...

BENVENUTA.

Et si je ne l'épousais pas?...

MISTIGRIS.

Qu'est-ce que vous dites?

BENVENUTA.

Si je revenais à toi?

MISTIGRIS.

A moi!... Est-il possible!... Comment!...

BENVENUTA.

Tu n'as pas besoin de comprendre... On vient... suis-moi!...

MISTIGRIS.

Oui! oui!... (Avec triomphe.) Ah! je savais bien qu'elle me reviendrait!...

Ils entrent dans le pavillon de gauche. — Musique et entrée générale.

SCÈNE XV

INVITÉS, GENS DE SERVICE, PAGES, SEIGNEURS, DAMES,
BENOIT, UN NOTAIRE, LE DUC, TIRECHAPPE, puis
AGÉNOR, puis BENVENUTA et MISTIGRIS.

FINALE.

CHOEUR.

C'est un contrat plein d'importance,
De pompe et de magnificence,
Que l'on va signer en ces lieux,
A l'instant même, sous nos yeux ;
C'est un contrat
Qui comptera,
Un contrat extraordinaire,
Un contrat comme on n'en voit guère,
Comme jamais on n'en verra !

BENOIT, annonçant.

Voici les parents, les amis !

TOUS.

Quels gens distingués et bien mis !

BENOIT.

Et voici monsieur le notaire.

TOUS.

Ah ! quel notaire !
Le beau notaire !

REPRISE DU CHOEUR.

C'est un contrat plein d'importance,
Etc.

LE DUC, qui est entré avec Tirechappe pendant cette reprise.

Ah ! voici le futur époux...

TIRECHAPPE.

A sa rencontre, avançons-nous,
Et présentons-lui notre hommage.

TOUS, s'avançant au-devant d'Agénor qui arrive et le saluant.

Seigneur, nous vous félicitons,
Et tous ici, vous présentons
Les compliments qu'on fait d'usage
A l'époux entrant en ménage.

AGÉNOR.

ROMANCE.

I

Ces compliments que l'on m'adresse,
Je les accepte avec bonheur,
Je ne cache pas mon ivresse,
Et je vous ouvre à tous mon cœur.
Ma belle, avant une seconde,
Ici va me donner sa foi :
S'il est un homme heureux au monde,
Mes chers amis, regardez-moi!

II

Cela me rend fou quand je pense
Que, dans quelques très courts instants,
A moi sera son innocence,
A moi son frais et doux printemps,
A moi sa chevelure blonde,
Ses grands yeux bleus dignes d'un roi :
S'il est un homme heureux au monde,
Mes chers amis, regardez-moi!

TIRECHAPPE.

Et s'il est un heureux beau-père,
Mes chers amis, regardez-moi !
Au notaire.
Allons, dépêchez-vous, notaire,
Ne nous laissez pas en suspens,
Dépêchez-vous, car il est temps,
Dépêchez-vous, mon bon notaire.

LE DUC, à Tirechappe.

Mais un instant! Avant de commencer,
Mon bon ami, je vous fais observer
Qu'il nous manque la fiancée.

TOUS, se retournant.

La fiancée!

AGÉNOR.

Ma fiancée !

TIRECHAPPE, à part.

Où diable est-elle donc passée?...

TOUS.

La fiancée!

BENVENUTA, du dehors.

Me voici !
Me voici!

Elle entre avec Mistigris. Ils sont tous deux dans leurs costumes
du premier acte.

TOUS.

O ciel !

TIRECHAPPE.

Que veut dire ceci?

AGÉNOR.

Ma future en bohémienne !

TIRECHAPPE.

Quelle idée est la sienne?

TOUS.

En bohémienne!

BENVENUTA.

ANDANTE.

Je vous demande à tous pardon :
De vous tromper, j'avais trop honte,
A vous surtout, monsieur le comte,
Je vous demande bien pardon.
D'une autre j'avais pris la place,
Mais je viens vous demander grâce,
Et je vais reprendre mon nom.

TOUS.

Son nom !

BENVENUTA, changeant de ton et gaîment.

Je vous présente,
Sous le costume que voilà,

La petite Benvenuta,
Votre servante !

MISTIGRIS, lui prenant la main.

Et Mistigris,
Une paire d'amis.

BENVENUTA, présentant Tirechappe.

Et mon bon père,
Avec qui dans la ville entière,
Nous vendons
Des chansons.

LE DUC, BENOIT, AGÉNOR et LES PARENTS.

Horreur ! Ce sont des marchands de chansons !

TOUS.

C'est un scandale
Sans précédents !
C'est un scandale
Que rien n'égale,
On en parlera bien longtemps !

AGÉNOR.

Oh ! c'est trop fort !

LE DUC.

Qu'on les chasse !
Vite, quittez la place,
Il faut sortir d'ici !

TOUS.

Il faut sortir d'ici !

TIRECHAPPE.

Ah ! c'est ainsi !
Eh bien ! nous allons rire,
Et je m'en vais vous dire
Ce que je vais vous dire :

(Parlé sur le ton du boniment.) Eh bien, oui, mesdames et messieurs, puisque vous savez tout, nous n'avons plus rien à vous apprendre. Oui, nous sommes des chanteurs, des baladins !... Et, puisque nous nous trouvons dans le monde, devant des personnes distinguées, nous allons vous donner un échantillon de notre dernière création..., Y sommes-nous, les enfants ?

BENVENUTA et MISTIGRIS.

Oui !...

TIRECHAPPE.

Allez, la musique !...

ENSEMBLE.

TIRECHAPPE, MISTIGRIS, BENVENUTA, sur le motif de la parade du premier acte.

Demandez la manièr' de traiter...
Les femmes comme ell'es le méritent,
Etc.

TOUS.

C'est un scandale,
Etc.

Le duc et ses invités sont au comble de la fureur. Tirechappe, Mistigris et Benvenuta se retirent lentement en leur faisant tête. — Rideau.

ACTE TROISIÈME

Un carrefour dans la cour des Miracles. Au fond, une tour en ruines
dans laquelle se trouve installé une sorte de cabaret souterrain où
l'on descend par quelques marches et dont la porte ouverte laisse
entrevoir l'intérieur éclairé par le feu d'énormes rôtissoires. A
droite et à gauche, vieilles rues aboutissant au carrefour.

———

SCÈNE PREMIÈRE

MALBRANCHU, GIGOLET, QUATREBRAS, Truands,
STELLA, FLORA, GILONNE, JUANA, MÉLUSINE,
JOSETTE, ISABEAU, ODETTE, Ribaudes.

INTRODUCTION.

Au lever du rideau, les truands et les ribaudes installés à des tables
boiteuses ou étendus par terre boivent et jouent.

CHŒUR.

Que le vin coule à flots,
Qu'on emplisse les pots,
Et buvons à la ronde
Car, pour un vrai ribaud,

Mes amis, rien ne vaut
La trogne rubiconde !

Buvons !
Buvons !
Buvons, les camarades !
Faisons,
Faisons,
Faisons gaîment rasades !

MALBRANCHU, GIGOLET et QUATREBRAS, trinquant.

Un ! deux ! trois !
Buvons à la fois,
A la nôtre, à tous les trois !

MALBRANCHU.

Corbleu ! mon verre est vide !

GIGOLET.

Le mien aussi, c'est très malsain.

MALBRANCHU.

Holà ! qu'on rapporte du vin !

QUATREBRAS.

Passez-nous le liquide !

REPRISE DU CHOEUR.

Que le vin coule à flots,
Qu'on emplisse les pots !
Etc.

GIGOLET.

Et maintenant, pour nous charmer,
Aimables filles de Bohême,
Ribaudes qui savez aimer,
Ribaudes que l'on aime,
Commencez vos ébats,
Dansez-nous quelques pas !

CHOEUR CHANTÉ ET DANSÉ.

Blanches dents, œil qui pétille,
Et les lèvres de carmin,
La ribaude est bonne fille,
Joyeuse, toujours en train !

Chantant, dansant à la ronde,
Pas coquette et sans façons,
Elle donne à tout le monde
Son sourire et ses chansons!

Ah! ah!
Ribaudes joyeuses,
Au son des tambourins,
Dansons nos danses amoureuses,
Et chantons nos plus gais refrains!
Ah! ah!...

MALBRANCHU.

Bravo, les danseuses! Bravo, Flora! Bravo, Stella!
Bravo, toutes!

GIGOLET.

Venez ici, qu'on vous embrasse pour votre peine!

FLORA.

Tu dis?

MALBRANCHU.

Un petit bécot sur tes joues de roses, ma charmante
Flora...

FLORA.

Merci bien! nous préférons autre chose.

TOUTES.

Oh! oui!

MALBRANCHU, vexé.

Vous êtes difficiles!

QUATREBRAS.

Qu'est-ce qu'il vous faut alors?

FLORA.

Eh bien! nous vous avons amusés... A votre tour!

STELLA.

Amusez-nous aussi.

ODETTE.

Faites-nous rire.

GIGOLET.

Comment?

FLORA.

Ça, c'est votre affaire. Dansez, chantez...

STELLA.

Racontez-nous des histoires...

FLORA.

Faites-nous des tours, enfin tout ce que vous voudrez,
mais amusez-nous!

TOUTES.

Oui! oui! amusez-nous!

GIGOLET.

Diable! c'est que ça n'est pas commode d'amuser tant
de jolies petites femmes à la fois!

MALBRANCHU.

Eh bien! moi, j'ai une idée...

TOUS.

Ah! Laquelle?

MALBRANCHU.

Vous allez voir... (A Gigolet et à Quatrebras.) Allez chercher
les prisonniers.

GIGOLET.

Ah! oui! ce sera drôle!...

Il sort avec Quatrebras.

TOUS.

Quels prisonniers?

MALBRANCHU.

Des types, mes enfants, de vrais types! Un vieux noble
de province, sa fille et son secrétaire que le patron avait
fait mettre à l'ombre et qu'on ne doit lâcher que contre
bonne rançon... Ils sont à empailler... Le père surtout
est une trouvaille... Nous allons les faire travailler, ça
nous fera passer un bon moment.

TOUS.

C'est ça! c'est ça! Les prisonniers!...

SCÈNE II

Les Mêmes, LA ROCHE-TRUMEAU, LUCINDE,
SIMPLICE.

Tous trois ont des vêtements misérables et en guenilles.

GIGOLET, du dehors.

Allons! avancez! amenez-vous!

Il entre en tirant la Roche-Trumeau.

LA ROCHE-TRUMEAU.

C'est bon!... Je m'amène!...

GIGOLET, lui donnant une forte poussée qui l'amène sur le devant
du théâtre.

Voilà le particulier!

QUATREBRAS, amenant Lucinde et Simplice.

Et voici la jeune fille!

SIMPLICE, bas, à Lucinde.

O Lucinde! je ne suis pas rassuré du tout.

LUCINDE.

Du courage, monsieur Simplice, je suis là!

GIGOLET, à la Roche-Trumeau.

Allons! circulez! marchez! qu'on vous voie.

LA ROCHE-TRUMEAU.

Il faut marcher?... Bon!... Mais pourquoi nous a-t-on
affublés comme ça?... Je proteste!...

LUCINDE.

Nous protestons!...

STELLA, l'examinant.

Très gentille, la petite !

MALBRANCHU, grimpé sur un tonneau, à la Roche-Trumeau.

Tais-toi et viens ici !

LA ROCHE-TRUMEAU.

Il me tutoie ! Je vous défends de me tutoyer !

MALBRANCHU, sans l'écouter.

Truands et truandes ! vous m'avez demandé de vous amuser. Je crois qu'il est impossible de vous offrir une distraction plus grande, un spectacle plus curieux que celui qui est sous vos yeux en ce moment !... Les sujets que j'ai l'honneur de vous présenter vont avoir l'honneur de travailler sous vos yeux...

LA ROCHE-TRUMEAU, LUCINDE et SIMPLICE.

Hein ?

LA ROCHE-TRUMEAU.

Moi, travailler !

LUCINDE.

Une la Roche-Trumeau !

GIGOLET.

Tout le monde s'occupe, ici.

QUATREBRAS.

Pas de bouches inutiles !

MALBRANCHU.

Il faut gagner sa nourriture. (A la Roche-Trumeau.) Qu'est-ce que tu sais faire ?

LA ROCHE-TRUMEAU.

Rien... Je suis propriétaire.

MALBRANCHU.

Et avec ça ? Es-tu musicien ?

LA ROCHE-TRUMEAU.

Dans le temps, j'ai su jouer un peu du rebec.

MALBRANCHU.

Parfait! Tu seras aveugle...

LA ROCHE-TRUMEAU.

Aveugle!

LUCINDE.

Aveugle! On veut que papa soit aveugle!...

MALBRANCHU.

C'est très facile. Tu vas voir...

LA ROCHE-TRUMEAU.

Comment! je vais voir et je serai aveugle!

MALBRANCHU.

Pas de plaisanteries déplacées! et dis comme moi : Mes bons messieurs, mes bonnes mesdames...

LA ROCHE-TRUMEAU, d'une voix navrée.

Mes bons messieurs, mes bonnes mesdames...

MALBRANCHU.

La charité, s'il vous plaît.

LA ROCHE-TRUMEAU, fondant en larmes.

La charité, s'il vous plaît. (A part.) Si on me voyait à Auxerre!

MALBRANCHU.

Vous avez de l'étoffe.

LA ROCHE-TRUMEAU, avec satisfaction.

Ah!

MALBRANCHU.

Oui... Comme aveugle, vous donnez des espérances.

LA ROCHE-TRUMEAU, flatté, à Lucinde.

Ils sont contents de moi.

MALBRANCHU.

A présent, nous allons faire travailler la jeune fille... Allons, approchez!... (A la Roche-Trumeau qui s'avance.) Pas vous!... la jeune fille...

LUCINDE.

Moi?

SIMPLICE.

Elle!

MALBRANCHU.

Oui... Avez-vous de la voix?

LUCINDE.

Pourquoi faire?

MALBRANCHU.

Nous avons besoin d'une doublure pour notre étoile.

LA ROCHE-TRUMEAU.

Vous voulez que ma fille vous serve de doublure!

LUCINDE, avec énergie.

Jamais!

GIGOLET.

Allons! pas de manières!... Chantez-nous quelque chose.

QUATREBRAS.

Ça nous fera plaisir.

LUCINDE.

Non! non! non!

MALBRANCHU.

Alors, Quatrebras, veuillez prendre ce bâton.

LUCINDE, effrayée et garant sa tête avec son bras.

Ah!

MALBRANCHU.

Vous allez battre la mesure sur les épaules de ce jeune homme jusqu'à ce que mademoiselle se décide.

SIMPLICE, avec terreur.

Sur mes épaules!

LA ROCHE-TRUMEAU.

Ils vont casser mon secrétaire.

6

QUATREBRAS, levant le bâton.

Une! deux! trois!

LUCINDE.

Non! je ne veux pas qu'on l'abîme!... Je vais chanter.

MALBRANCHU.

Ah! je le savais bien! (A la Roche-Trumeau.) Et vous, l'aveugle, rendez-vous utile... accompagnez la chanteuse.

On lui passe un rebec.

LA ROCHE-TRUMEAU.

Bien! (A part.) Si on me voyait à Auxerre!

LUCINDE.

Voilà... C'est une romance que je chantais quand j'étais toute petite.

TOUS, avec désillusion.

Oh!

LUCINDE.

Ah! je ne sais que celle-là...

MALBRANCHU.

Enfin, voyons!

LUCINDE, chantant pendant que la Roche-Trumeau l'accompagne sur le rebec.

ROMANCE BOUFFE.

I

Quand vient le dimanche,
La petit' Suzon
Met sa robe blanche,
Son petit jupon;
Des fleurs sur sa tête,
Roses ou jasmins,
Et sa collerette
De linon bien fin.

Ah! ah!
Va sur la fougère,
Dans les prés fleuris,
Danser la bergère
Avec les amis!
Ah! ah!

II

N'y a pas son égale
Pour savoir danser,
Ell' n'a pas d' rivale
Pour se trémousser.
Le jour de la fête
Tout l' monde en est fou,
Et chacun répète :
C'est un p'tit bijou !

Ah ! ah !
Va sur la fougère,
Etc.

TOUS.

Bravo ! bravo !...

GIGOLET, qui regarde au fond, à droite.

Attention !... Le patron !...

Mouvement général de crainte.

MALBRANCHU.

Tirechappe ! Vite ! serrons les prisonniers et que chacun aille à ses affaires.

QUATREBRAS, à la Roche-Trumeau.

Allons ! rentrez !

LA ROCHE-TRUMEAU.

Oh ! je ne demande pas mieux.

SIMPLICE.

Moi non plus.

LUCINDE.

Nous serons plus tranquilles. Venez, papa.

LA ROCHE-TRUMEAU.

Oui, mon enfant ! (A part.) Aveugle ! Je suis aveugle !

MALBRANCHU.

Et vous autres, place nette !

Sortie générale.

SCÈNE III

TIRECHAPPE, MISTIGRIS, BENVENUTA.

Ils ont repris leurs costumes du premier acte. — Mistigris a un bissac sur l'épaule.

TIRECHAPPE, arrivant le premier par la droite.

Allons! allons! les enfants! arrivez... Dépêchons-nous!

MISTIGRIS.

Oui, p'pa... Vous me suivez, Benvenuta?

BENVENUTA.

Oui, Mistigris.

TIRECHAPPE, tapant sur sa sacoche.

Sept livres quinze sous! La recette maximum! Depuis que nous avons repris notre ancien métier, nous faisons des affaires d'or... Benvenuta est devenue exacte... toi, Mistigris, tu fais des progrès.

MISTIGRIS.

La joie m'a donné de la voix... je suis devenu ténor.

TIRECHAPPE.

A présent il s'agit de dîner. Nous l'avons bien gagné... Qu'est-ce qu'on va manger aujourd'hui?

MISTIGRIS, qui a tiré les vivres du bissac et les a disposés à droite sur le tonneau.

Voilà le menu : une miche de pain bis et du lard, du vrai lard, et pour dessert, une tranche de fromage de Pont-l'Evêque.

TIRECHAPPE, mangeant.

On voit bien que c'est dimanche aujourd'hui! On ne se refuse rien.

MISTIGRIS, la bouche pleine.

Moi d'abord, quand il y a du Pont-l'Evêque, j'en mangerais toujours...

TIRECHAPPE, tendant son gobelet à Benvenuta.

A présent, un bon verre de l'eau limpide de la Seine...
(Buvant.) Elle est exquise!... Il n'y a que Paris pour ça!...
Là!... Et maintenant, causons de nos petites affaires. Ap-
proche, Benvenuta.

BENVENUTA.

Moi!

TIRECHAPPE.

Oui. (Benvenuta s'est approchée.) Regarde-moi! regarde-
moi, mon enfant.

BENVENUTA, le regardant.

Voilà...

TIRECHAPPE, à Mistigris qui mange encore, assis sur son
tambour.

Comment la trouves-tu, Mistigris?

MISTIGRIS, la bouche pleine.

Slpendide,p'pa!

TIRECHAPPE.

Moi, je la trouve triste...

BENVENUTA.

Triste! oh!

TIRECHAPPE.

Oui... je m'y connais... Mademoiselle a voulu faire un
coup de tête et mademoiselle le regrette.

BENVENUTA.

Oh! par exemple!

TIRECHAPPE.

Tu aimes toujours ton bel amoureux.

MISTIGRIS, inquiet, se levant vivement.

Tu crois?...

BENVENUTA, vivement.

Non, non.. vous vous trompez... au contraire... De

puis que je suis redevenue ce que j'étais auparavant, je ris, je chante... Oh! je suis bien heureuse!...

TIRECHAPPE.

C'est bien vrai ce que tu dis là?

BENVENUTA, avec effort.

Bien vrai. Ne parlons plus de cela, je vous en prie... J'avais fait un trop beau rêve, voilà tout...

TIRECHAPPE.

Trop beau : qu'en sais-tu? (Tirant le roi de carreau de sa poche.) Tu oublies toujours ça, le roi de carreau.

BENVENUTA.

Oh! je n'y crois guère.

MISTIGRIS.

Et moi je n'y crois pas du tout.

TIRECHAPPE.

Eh bien! vous avez tort...

MISTIGRIS.

Puisqu'elle te dit qu'elle n'y croit pas.

TIRECHAPPE, à Benvenuta.

Ainsi... tu renonces pour toujours à un avenir plus brillant?

BENVENUTA.

Oui...

MISTIGRIS.

Bravo! adjugé !

TIRECHAPPE.

Eh bien, alors... Viens ici... Donne-moi le bras. (Il lui prend le bras. — A Mistigris.) Toi aussi, Mistigris... donne-moi le bras...

MISTIGRIS.

Avec plaisir...

TIRECHAPPE, les ayant tous les deux sous le bras.

Sont-ils gentils comme ça tous les deux!

MISTIGRIS, à part.

Qu'est-ce qu'il va faire?

TIRECHAPPE, à Benvenuta.

Ma fille, tu vois ce gamin-là... c'est mon fils... Il est beau!... Il est intelligent...

MISTIGRIS.

Oui, p'pa...

TIRECHAPPE.

Ses forces se développent tous les jours.

MISTIGRIS.

C'est vrai, hier, j'ai enlevé une chaise à bras tendu avec un militaire dessus...

TIRECHAPPE, à Benvenuta.

Oui... Il est plein d'avenir. Tant que j'ai cru que tu aimais l'autre, je n'ai rien dit, mais à présent que tu ne l'aimes plus, je viens te demander ta main pour lui.

BENVENUTA.

Ma main!...

MISTIGRIS, ivre de joie.

Oh! p'pa!

TIRECHAPPE, à Benvenuta.

Tu la lui as à peu près promise...

MISTIGRIS, vivement.

Oui...

BENVENUTA, se défendant.

Pas tout à fait.

TIRECHAPPE.

Enfin, il ne te quitte pas... Ça le compromet, ce garçon.

MISTIGRIS, avec pudeur.

C'est vrai... elle m'affiche...

TIRECHAPPE, à Benvenuta.

Il faut que tu l'épouses...

BENVENUTA.

Moi!...

MISTIGRIS.

Oui !

TIRECHAPPE.

Est-ce que tu as des objections à faire ?

MISTIGRIS.

En avez-vous ?

BENVENUTA, à part.

Oh ! je me croyais plus forte... (Haut.) Non!... non!...

TIRECHAPPE.

Eh bien ! mes enfants, vous allez vous marier !

BENVENUTA.

Quand ?

TIRECHAPPE.

Tout de suite !...

MISTIGRIS, vivement.

Je suis prêt...

BENVENUTA.

C'est que...

TIRECHAPPE.

Il n'y a pas de c'est que... Vous allez casser une cruche ensemble...

MISTIGRIS.

La cruche ! Enfin !

TIRECHAPPE.

Je vais aller prévenir tout le monde, revêtir mes insignes et, dans quelques instants, devant les truands réunis, nous bâclerons l'affaire.

MISTIGRIS.

Bâclons, bâclons !

TIRECHAPPE.

Mistigris, tu as quatre minutes pour faire ta cour à ta fiancée.

MISTIGRIS, inquiet.

Ma cour...

TIRECHAPPE.

Oui, c'est l'usage du monde.

MISTIGRIS.

C'est que je ne sais pas...

TIRECHAPPE.

Tu t'y feras... chaud là... chaud ! mon garçon !

MISTIGRIS, entraîné.

Oui, p'pa ! chaud ! chaud...

TIRECHAPPE.

Je cours et je reviens... chaud ! chaud !

Il sort en courant.

SCÈNE IV

MISTIGRIS, BENVENUTA.

BENVENUTA, à part.

J'ai beau faire... je sens que je ne l'ai pas encore oublié ! oh ! mais il le faut, je l'oublierai. (A Mistigris qui la regarde de loin sans bouger.) Eh bien, monsieur Mistigris ?...

MISTIGRIS.

Ne vous impatientez pas, mademoiselle, je vous demande une petite minute.

BENVENUTA.

Pourquoi faire ?

MISTIGRIS.

Pour vous faire ma cour... Quand on n'a pas l'habitude... Mais maintenant je suis tout à vous... je commence. (Avec timidité.) Mademoiselle...

BENVENUTA.

Monsieur Mistigris...

MISTIGRIS.

Je... (S'arrêtant.) C'est curieux, je ne trouve pas mes mots... Quand nous sommes sur la place publique, je cause des journées entières sans être embarrassé, et, aujourd'hui que c'est officiel, je ne peux pas... Enfin! je vais essayer... Où en étions-nous?... Qu'est-ce que je disais?

BENVENUTA, à part.

Pauvre Mistigris! (Haut.) Vous disiez : je commence...

MISTIGRIS.

Ah! je croyais que j'étais plus avancé que ça... Enfin... je continue, alors... (Reprenant.) Mademoiselle... (Après avoir cherché.) Je crois que nous aurons une belle journée aujourd'hui.

BENVENUTA, réprimant un sourire.

Oui, monsieur Mistigris...

MISTIGRIS.

Du reste, le vent vient de l'Est.

BENVENUTA, même jeu.

Oui, monsieur Mistigris...

MISTIGRIS, furieux.

C'est bête comme tout, ce que je dis là!... Mais ça ne fait rien! Vous êtes troublée, n'est-ce pas? Vous êtes troublée?

BENVENUTA.

Un peu... pas trop...

MISTIGRIS.

Oh! ce trouble!... Je le bénis, ce trouble!... mais ça n'est rien encore...

BENVENUTA.

Hein?...

MISTIGRIS, s'animant.

Oui... ce n'est qu'un commencement,plus tard ce sera bien autre chose !

BENVENUTA.

Monsieur Mistigris !

MISTIGRIS.

Vous verrez comme je vous rendrai heureuse !... Benvenuta ! Vous verrez quand vous serez la mère de nos enfants !...

BENVENUTA, effrayée.

Hein ?

MISTIGRIS.

Oh! pas tout de suite... plus tard,je ne veux rien brusquer. (S'approchant d'elle, et tombant à genoux.) Benvenuta, je t'adore!... (A part.) Je l'ai tutoyée!... C'est la première fois!... (Musique.) Ah! voilà qu'on vient pour la cérémonie...

BENVENUTA, à part.

Déjà !

SCÈNE V

LES MÊMES, TRUANDS, RIBAUDES, TIRECHAPPE.

Entrée du cortège. — Tous les truands costumés comme pour une fête et précédés de musiciens défilent avec pompe.

MORCEAU D'ENSEMBLE.

CHOEUR.

Nous voilà parés,
Frisés, pommadés !
Pour la fête
Qui s'apprête,
Tout le monde a pris

Ses plus beaux habits,
Et chacun s'est mis
Sur son trente-six !

GIGOLET.

Messieurs, faisons silence,
Voici notre roi qui s'avance.

Entrée de Tirechappe en manteau de pourpre, un sceptre à la
main, une couronne de papier doré sur la tête.

TOUS.

Oh! qu'il est beau,
Oh!
Oh! qu'il est beau,
Oh!
Avec son sceptre et sa couronne,
Drapé dedans son grand manteau,
Comme il est bien de sa personne,
Oh! qu'il est bien, oh! qu'il est beau,
Oh!

TIRECHAPPE.

Merci, mon peuple, en vérité
Je suis extrêmement flatté
De voir, chose extraordinaire,
Qu'après toute une année entière
Je suis demeuré populaire
Et n'ai pas cessé de vous plaire!

CHOEUR.

Voici la cruche !
A son aspect
Inclinons-nous avec respect :
On l'a fait sortir de la huche,
Pour marier les deux époux
Qui se présentent devant nous,
Voici la cruche!

On apporte sur un trépied une cruche tout enrubannée.

GIGOLET, MALBRANCHU, QUATREBRAS, à Benvenuta.

Mais un instant! Belle aux yeux doux,
Dites-nous
La chanson du mariage,

TOUS.

Ah! dites-nous,

Belle aux yeux doux,
La chanson du mariage !

TIRECHAPPE.

Va, ma fille, c'est l'usage !

BENVENUTA.

Je veux bien, puisque c'est l'usage !

CHANSON.

I

Chez nous il arrive souvent
Qu'une fillette, en son jeune âge,
Va, redisant à tout venant :
« Je ne veux pas du mariage ! »
Elle repousse avec dédain
Les amoureux sur son passage,
Et remet sans cesse à demain
Le moment de son esclavage :

Mais un jour, patatras !
Un jour, quoi qu'elle fasse,
Tout en ne voulant pas,
      Patatras !
   La cruche se casse,
      Se casse !

II

On voit parfois que deux amants
Se sont aimés depuis l'enfance,
Quand un beau jour d'affreux parents,
De s'adorer leur font défense.
On met l'amant sous les verrous,
L'amante derrière une grille,
Comment se faire les yeux doux ?
Cela rassure la famille.

Mais un jour, patatras !
Un jour, quoi que l'on fasse,
Tout en ne voulant pas,
      Patatras !
   La cruche se casse,
      Se casse !

TOUS.

Mais un jour, patatras !
      Etc.

TIRECHAPPE.

Allons! ne perdons pas de temps... Procédons à la cérémonie... Mistigris, donne la main à ta fiancée.

MISTIGRIS, vivement.

Voilà! voilà!

Il prend la main de Benvenuta.

BENVENUTA, à part, avec effort.

Allons...

TIRECHAPPE.

Approchez-vous.

Ils s'approchent.

BENVENUTA, à part.

Oh! c'est bien fini!

TIRECHAPPE, prenant un marteau qu'on lui présente sur un coussin de velours et le présentant à Mistigris.

Mistigris, voici le marteau... Frappe!... N'hésite pas... Plus il y aura de morceaux, plus ton mariage sera solide!

MISTIGRIS.

Ah! bien alors, vous allez voir ça... (Soulevant le marteau.) Une! deux!...

Grand bruit au dehors.

MALBRANCHU, qui avait disparu, revenant pâle et blême et pouvant à peine parler.

Alerte! alerte!

TIRECHAPPE.

Quoi? Qu'y a-t-il?

MALBRANCHU.

Les soldats! la police!

TOUS.

Les soldats!

MALBRANCHU.

Oui! Ils ont pénétré chez nous. Dans une seconde ils seront ici. Sauve qui peut!

TOUS.

Sauve qui peut!
> Tout le monde se retire sur la pointe des pieds, avec mille
> précautions.

MISTIGRIS.

Oh! pas de chance! au moment où nous allions casser
la cruche.

BENVENUTA, à part.

C'est singulier... cela me fait presque plaisir!...

MISTIGRIS, à Tirechappe.

Eh bien, p'pa,qu'est-ce que nous allons devenir?

TIRECHAPPE.

Nous n'avons pas à hésiter... Filons.

MISTIGRIS.

Toutes les issues sont gardées.

TIRECHAPPE.

Ça ne fait rien... J'ai mon idée... Venez.
> Il emmène Benvenuta.

MISTIGRIS.

Ils n'auraient pas pu venir un peu plus tard...

SCÈNE VI

AGÉNOR, LE DUC, BENOIT, Des Soldats.

AGÉNOR, du dehors.

Faites bonne garde! qu'on ne laisse s'échapper personne et qu'on m'amène tous les prisonniers que l'on
fera... Tous, vous entendez?... (Il entre en scène suivi du duc
et de Benoît. — Il est en costume d'officier. — Le duc et Benoît sont
armés jusqu'aux dents. — Les soldats se rangent au fond.) Enfin !
mon père, nous voici dans la place.

LE DUC.

Oui, mon fils, en vainqueurs!

BENOIT.

En conquérants !

AGÉNOR.

Je vais donc pouvoir tirer vengeance de ces misérables
bohémiens qui se sont moqués de nous... de cette petite surtout qui a si bien joué la comédie avec moi...
Quand je pense que je l'ai aimée...

LE DUC.

Et que vous l'aimez encore.

AGÉNOR.

Oh! non, mon père, non!... Vous verrez bien, du reste,
car je ne viens ici que pour m'emparer d'elle et lui faire
payer l'affront public qu'elle m'a fait...

LE DUC.

Moi, je n'ai qu'une idée : retrouver les la Roche-Trumeau, à cause de la dot. J'ai su par la police qu'ils étaient
emprisonnés ici... Vous avez réuni des hommes décidés,
nous nous sommes mis à leur tête, nous sommes ve-
nus...

BENOIT.

Et nous avons vaincu !

LE DUC.

Maintenant il s'agit de punir... nous allons nous cons-
tituer ici même en conseil de guerre. Je serai le président,
Benoît le greffier, et vous le juge...

AGÉNOR.

Faites comme vous voudrez... l'important, c'est que je
retrouve... qui je cherche...

SCÈNE VII

Les Mêmes, LA ROCHE-TRUMEAU,
LUCINDE et SIMPLICE.

Ils entrent à petits pas, un peu effarés.

LUCINDE, à mi-voix.

Venez,papa... Nos gardiens ne s'occupent plus de nous, nous allons nous faire reconnaître par les soldats, et nous serons sauvés.

LA ROCHE-TRUMEAU.

Ça ne sera pas dommage...

AGÉNOR, les apercevant.

Hein? qu'est-ce que c'est que ces gens-là?

LE DUC.

Vous le demandez... Il n'y a qu'à les regarder... Ils font partie de la bande.

BENOIT.

Evidemment!...

LE DUC.

Nous allons les soigner. (A la Roche-Trumeau, brusquement.) Allons! approchez!

LA ROCHE-TRUMEAU.

C'est ce que je faisais...

LE DUC.

Vous avouez tout?

LA ROCHE-TRUMEAU.

Tout, quoi?

LE DUC.

Vous faites partie de la bande?

LUCINDE et SIMPLICE.

Nous ?

LA ROCHE-TRUMEAU.

Quelle bande ?.

BENOIT.

Allons, réponds !

LA ROCHE-TRUMEAU.

Il me tutoie aussi... Tout le monde me tutoie, aujour-
d'hui ! (Haut.) Je suis propriétaire.

LUCINDE.

Oui...

SIMPLICE.

Oui...

AGÉNOR, au duc.

Ils se moquent de vous, mon père.

LE DUC, bas.

Ils sont très forts... (Haut.) Allons, répondez sérieuse-
ment... Savez-vous où on a enfermé une famille vénéra-
ble qu'on a emprisonnée ici... les la Roche-Trumeau ?

LA ROCHE-TRUMEAU.

Les la Roche-Trumeau !... (Se posant.) C'est nous !

SIMPLICE et LUCINDE.

C'est nous !

LE DUC.

Hein ?... (A la Roche-Trumeau.) Mon ami, on nous l'a déjà
faite.

AGÉNOR.

Vous tombez mal !

LE DUC.

Qu'on les fourre en prison !...

LA ROCHE-TRUMEAU.

En prison ! Encore...

LUCINDE.

Toujours!

LA ROCHE-TRUMEAU.

Tout le temps, alors!...

LUCINDE.

Mais, laissez-nous vous dire...

SCÈNE VIII

LES MÊMES, UN OFFICIER.

L'OFFICIER, entrant.

Monsieur le duc, monsieur le comte! Grande nouvelle!
Nous venons de les trouver...

AGÉNOR.

Qui?

L'OFFICIER.

Les la Roche-Trumeau...

LA ROCHE-TRUMEAU.

Hein? On nous a trouvés...

L'OFFICIER.

Le père ne voulait pas venir, mais j'ai insisté, on l'a-
mène... Ses papiers sont parfaitement en règle...

LUCINDE.

Ah!... Ce sont encore les autres !... Je comprends
tout!...

LA ROCHE-TRUMEAU.

Moi aussi... je vais vous expliquer...

LE DUC, à l'officier.

Coffrez ces gens-là.

LUCINDE.

Mais je vous assure que c'est un malentendu!...

LA ROCHE-TRUMEAU.

Il y a eu erreur!...

LE DUC.

Coffrez-les.

LA ROCHE-TRUMEAU, à l'officier qui veut lui prendre le bras.

Vous n'avez pas besoin de me conduire... Je sais où c'est.

Il sort avec Lucinde et Simplice.

LE DUC, à Agénor.

Maintenant, voici votre véritable fiancée... Soyez aimable...

Tirechappe paraît au fond, tournant le dos et parlant à la cantonade.

SCÈNE IX

Les Mêmes, TIRECHAPPE, MISTIGRIS, BENVENUTA.

TIRECHAPPE, à Mistigris et à Benvenuta.

Du sang-froid! (Haut. — Avec exagération.) C'est bon! Suivez-moi, Lucinde... suivez-moi, monsieur Simplice. (Descendant en scène.) Eh bien! nous voilà! qu'est-ce qu'on nous veut? C'est moi, le baron Tamaris de... (Reconnaissant le duc et Agénor. — Avec terreur.) Ah!...

AGÉNOR, LE DUC et BENOIT.

Eux!

BENVENUTA, à part.

Lui ici!

MISTIGRIS.

Mon rival!

TIRECHAPPE.

Pincés!

ACÉNOR, allant à lui.

Comment, encore vous!

TIRECHAPPE, très gêné.

Oui... oui... Comme vous voyez...

AGÉNOR.

Ah ! cette fois-ci, vous ne plaisantez plus et mademoiselle ne joue plus à la grande dame.

BENVENUTA.

C'est un rôle que j'ai joué bien peu de temps et que j'ai abandonné au moment où j'ai compris qu'il était indigne de vous et de moi.

AGÉNOR, avec colère.

Mademoiselle !

TIRECHAPPE, à part.

Tâchons de les amadouer ! (Haut.) Mon gendre, écoutez-moi.

AGÉNOR.

Mon gendre !...

TIRECHAPPE.

Vous ne l'êtes plus... mais vous avez failli l'être... c'est presque la même chose... Mon gendre, la petite n'est pas coupable... Il faut lui pardonner. Je prends tout sur moi. Expliquons-nous en famille.

LE DUC et BENOIT.

En famille !

TIRECHAPPE.

Il s'en est fallu de si peu ! C'est l'amour qui est cause de tout.

AGÉNOR.

Ah !

TIRECHAPPE.

Oui... la petite vous aimait follement...

BENVENUTA.

Papa !

TIRECHAPPE, insistant.

Follement !... Ne dis pas le contraire... Un jour, elle

7.

nous dit que si elle ne devenait pas votre femme, elle se
laisserait mourir.

AGÉNOR.

Est-ce vrai ?

BENVENUTA.

Papa !

MISTIGRIS.

Oui, c'est vrai !

TIRECHAPPE.

Alors, moi, j'ai eu pitié d'elle... que voulez-vous ?... Je
suis bon... c'est mon seul défaut, j'ai eu tort, j'en con-
viens, de lui faire prendre un titre et un nom qui ne lui
appartenaient pas... Voilà...

LE DUC.

Ah ! voilà !

TIRECHAPPE.

Mais maintenant, tout va rentrer dans l'ordre : la petite s'est fait une raison, elle va épouser quelqu'un de son
rang.

AGÉNOR.

Hein ! qui?

MISTIGRIS, se campant.

Moi!

AGÉNOR.

Vous...

MISTIGRIS.

Vous n'avez donc pas vu ma fleur ?

AGÉNOR.

Monsieur Mistigris ! C'est complet !...

BENVENUTA.

N'est-ce pas ce que je devais faire ?

AGÉNOR, avec effort.

Si ! si ! c'est tout naturel...

TIRECHAPPE.

Eh bien! alors, tout est arrangé... nous n'avons plus qu'à nous en aller... (Saluant.) Mon gendre...

LE DUC.

Un instant! Dans tout cela, qu'est-ce que vous avez fait des la Roche-Trumeau?...

TIRECHAPPE, à part.

Les la Roche-Trumeau! Diable!... (Haut.) Ils ne sont pas perdus, les la Roche-Trumeau. Ils étaient enfermés là!...

LE DUC.

Là!... Un vieux, un peu éteint, une petite blonde et un jeune homme niais?...

TIRECHAPPE.

Oui.

LE DUC.

Misérable!... Et moi qui les ai fait coffrer!

BENOIT.

Et moi qui l'ai tutoyé!

LE DUC.

Il ne va plus vouloir me donner la dot... Je cours... je vais tâcher de l'apaiser... Quant à ces gens-là, qu'on les emmène et qu'on les traite avec la dernière des rigueurs, en attendant mieux.

MISTIGRIS.

Pristi!

TIRECHAPPE.

Nous sommes flambés!

BENVENUTA, à part.

Peut-être pas!...

TIRECHAPPE, à Agénor.

J'espérais qu'en raison de nos relations passées...

AGÉNOR, aux gardes.

Vous avez entendu? (Tirechappe est emmené par les gardes

avec Mistigris. — Benvenuta les suit. — Au moment de sortir, elle regarde Agénor en l'interrogeant des yeux. — Agénor, après avoir hésité.) Restez, mademoiselle...

Il fait signe aux gardes de se retirer.

SCÈNE X

AGÉNOR, BENVENUTA.

Moment de silence.

AGÉNOR.

Nous voilà seuls... Eh bien! n'avez-vous rien à me dire?...

BENVENUTA.

Moi? rien.

AGÉNOR.

Pourtant, vous voici tombée en mon pouvoir... Je n'ai qu'un mot à prononcer pour me venger de vous comme je me suis vengé des autres...

BENVENUTA.

En vérité?...

AGÉNOR.

Vous souriez... Et qui peut vous inspirer cette belle confiance?

BENVENUTA.

La science de l'avenir.

AGÉNOR.

Vous connaissez l'avenir?

BENVENUTA.

Puisque je suis bohémienne. (S'approchant de lui.) Tenez, donnez-moi votre main.

AGÉNOR, hésitant.

Ma main !...

BENVENUTA.

Oui.

AGÉNOR.

Voilà...

BENVENUTA.

Eh bien! j'y lis clair comme le jour que vous m'avez déjà pardonné.

AGÉNOR.

Oh!... (A part.) Elle est plus jolie que jamais...

BENVENUTA.

Et ce qui est plus étonnant encore, j'y vois que vous allez donner des ordres pour qu'on mette en liberté mon père et Mistigris !...

AGÉNOR.

Ah! par exemple!... C'est trop fort, et je vous jure bien...

BENVENUTA.

'Ne jurez pas... je vous assure que si... (S'approchant doucement de lui.) Vous vous souvenez du jour où, vous rendant au cabaret, vous fûtes attaqué par des gens de très mauvaise mine?

AGÉNOR.

Oui.

BENVENUTA.

Vous étiez perdu, sans moi, qui me trouvai là, comme par hasard, pour vous sauver la vie...

AGÉNOR.

C'est vrai!

BENVENUTA.

Eh bien! rappelez-vous ce que vous m'avez dit ce jour-là : « S'il t'arrive par hasard d'avoir besoin de moi, dans quelque circonstance que tu te trouves, n'hésite

pas... Je n'oublierai jamais que je te dois la vie. » Vous
êtes gentilhomme et je vous rappelle votre promesse.

AGÉNOR, après un temps.

Vous êtes libre, mademoiselle, libre d'aller où il vous
fera plaisir avec votre père, et... l'autre...

BENVENUTA.

Merci!... (Avec un sourire triste.) Vous voyez, ma science
ne m'avait pas trompée...

AGÉNOR.

Adieu donc...

BENVENUTA.

Adieu.

AGÉNOR.

Pour toujours?

BENVENUTA.

Pour toujours...

Elle fait un mouvement pour s'en aller.

AGÉNOR.

Un instant!... A votre tour, donnez-moi votre main...

BENVENUTA, émue.

Ma main!...

AGÉNOR.

Moi aussi, je veux y lire quelque chose...

BENVENUTA.

Voilà...

AGÉNOR.

COUPLETS.

I

Je lis dans cette main charmante,
Que vous m'aimez encore un peu,
Que votre âme n'est pas changeante,
Que nous jouons un vilain jeu.
Je lis que moi je vous adore,

Malgré mon apparent dédain :
Nous nous aimons tous deux encore,
Je lis cela dans votre main !

ENSEMBLE.

AGÉNOR.

Nous nous aimons tous deux encore,
Je lis cela dans votre main.

BENVENUTA.

Nous nous aimons tous deux encore,
Il a lu cela dans ma main.

II

AGÉNOR.

Je la tiens, cette main mignonne,
Et je sens que dans sa prison
Tout doucement elle frissonne :
Ah ! ne me répondez pas non !
Par une force que j'ignore,
La mienne aussi tremble soudain :
Nous nous aimons tous deux encore,
J'ai lu cela dans votre main !...

ENSEMBLE.

Nous nous aimons tous deux encore...
Etc.

AGÉNOR, la prenant dans ses bras.

Non ! non ! Tu le vois, Benvenuta, il est impossible que
nous nous séparions !...

SCÈNE XI

LES MÊMES, LE DUC, LA ROCHE-TRUMEAU, LUCINDE,
SIMPLICE, TIRECHAPPE, MISTIGRIS,
TOUT LE MONDE.

LE DUC, entrant, avec la Roche-Trumeau et Simplice.

Venez, mon cher la Roche-Trumeau, toutes vos épreuves sont terminées. Je vous conduis près de votre futur gendre... Tenez, le voici... (Apercevant Agénor qui embrasse Benvenuta.) Ah!

LA ROCHE-TRUMEAU.

C'est pour me faire voir ça, que vous êtes venu me chercher?

LE DUC, à Agénor.

Mon fils, les bras me tombent. Qu'est-ce que cela veut dire?

AGÉNOR.

Cela veut dire, mon père, que mon cœur parle plus haut que ma raison... Grande dame ou bohémienne, je l'aime, je l'adore et je veux en faire ma femme.

BENVENUTA.

Sa femme!

TIRECHAPPE, qui a paru au fond avec Mistigris et tout le monde.

Bravo!

MISTIGRIS.

Eh bien! et moi?

LE DUC, à Agénor.

Votre femme! Y songez-vous?... (Avec autorité.) Jamais!... Epouser une bohémienne!...

TIRECHAPPE.

Une bohémienne!... Ah! si j'avais pu retrouver la moitié de mon roi de carreau...

LA ROCHE-TRUMEAU, avec un cri.

Le roi de carreau... Hein... Ah! ah! soutenez-moi!

Ses jambes se dérobent sous lui.

TIRECHAPPE.

Qu'est-ce qu'il a?

On l'entoure, et on le fait asseoir.

LA ROCHE-TRUMEAU, d'une voix éteinte.

Là... là... dans ma poche...

AGÉNOR.

Quoi!

On le fouille.

TIRECHAPPE, tirant de la poche de la Roche-Trumeau une carte coupée en deux.

Ah! l'autre moitié... L'autre moitié... C'était lui... (Bas, -au duc.) Ma fille est une la Roche-Trumeau!...

LA ROCHE-TRUMEAU.

Oui... Souvenir de jeunesse... Je la dote...

TIRECHAPPE, au duc.

Il la dote...

LE DUC.

J'accepte!...

LUCINDE, à son père.

Quoi?

LA ROCHE-TRUMEAU.

Rien... rien!...

TIRECHAPPE, avec joie, embrassant Benvenuta.

Ma fille! (A Agénor.) Je vous la donne.

MISTIGRIS.

Moi aussi. (A Agénor.) Allons, prenez-la puisqu'elle vous aime...

LUCINDE.

Et moi, je pourrai épouser M. Simplice?

SIMPLICE.

Ah! Lucinde...

LA ROCHE-TRUMEAU.

Tout le monde est content! (Montrant Mistigris.) Il n'y a que ce petit-là qui n'épouse personne...

MISTIGRIS.

Ah bien... tant pis!... Je ferai comme papa... je serai artiste...

TIRECHAPPE.

C'est ça! Et nous continuerons notre ancien métier...
Allez, la musique!...

CHŒUR FINAL.

Demandez la manièr' de traiter
Les femmes comme ell's le méritent,
Etc.

FIN

Imprimerie générale de Châtillon-sur-Seine. — A. Pichat.

EN VENTE CHEZ LE MÊME ÉDITEUR

PIÈCES DE THÉATRE, FORMAT GRAND IN-18 ANGLAIS

	fr. c.
Hérodiade, o. 3 a.	1 »»
La Mascotte, o. c. 3 a.	2 »»
Le Tribut de Zamora, o. 4 a.	2 »»
Les grands Enfants, c. 3 a.	2 »»
Le Parisien, c. 3 a.	2 »»
La Soucoupe, c. 1 a.	1 50
L'Article. 7, c. 3 a.	1 »»
Les Locataires de M. Blondeau, c. 5 a.	2 »»
La Dégringolade, d. 5 a. (in-4º)	1 »»
L'Amour médecin, o. c. 3.	1 »»
Les deux Chambres c. 1 a.	1 50
A la course, c. 1 a.	1 »»
Risette et Durandeau, v. 1 a.	1 50
Les Boussigneul, v. 3 a.	2 »»
Le Dindon de la farce, c. 1 a. en v.	1 »»
Les Dindons de la farce, c. 3 a.	2 »»
Les deux Saisons, c. 1 a. en v.	1 50
Sous Seing privé, c. 1 a.	1 »»
Peur d'être Grand'Mère, c. 1 a.	1 50
Bernard Palissy, d. 1 a. v.	1 50
M. de Barbizon c. 3 a.	2 »»
La Petiote, d. 5 a.	2 »»
Dernière Fredaine v. 1 a.	1 50
La Marquise des rues o. c. 3 a.	2 »»
Les Braconniers, o. c. 3 a.	2 »»
Molière à Shakespeare in-8º.	5 »»
Madame Favart, o. c. 3 a.	2 »»
Le Grain de Beauté, c. 1 a.	1 50
Le Ménage Popincourt, v. 1 a.	1 50
Paris sans cochers, v. 1 a.	1 50

	fr. c.
Le Diner de Pierrot, c. 1 a. en v.	1 50
Marie Touchet, d. 1 a. en v.	1 50
Pascal Fargeau, d. 1 a.	1 »»
Madame Grégoire, v. 3 a.	2 »»
Nos Députés en robes de chambre, c. 5 a.	2 »»
L'Indiscrète, c. 1 a.	1 50
Casse-Museau, d. 5 a.	2 »»
Le Lohengrin, o. 3 a.	1 50
La mort d'OEdipe, d. 1 a. v.	1 50
Le Mannequin, c. 3 a.	1 »»
Les Mousquetaires au Couvent, o. c. 3 a.	2 »»
Monsieur ! c. 3 a.	2 »»
La Mère des Compagnons, o. c. 3 a.	2 »»
Hymnis, dr. lyr. 1 a.	1 50
Les Honnêtes Femmes, c. 1 a.	1 50
La Navette, c. 1 a.	1 50
Les Ilotes de Pithiviers, c. 3 a.	2 »»
La Surprise de l'Amour, o. c. 2 a.	1 »»
Pi... Gendron, c. 3 a.	2 »»
Les Mirabeau, d. 5 a.	2 »»
Les Noces d'Olivette, o. c. 3 a.	2 »»
Lequel ? c. 3 a.	1 »»
La Villa blancmignon, c. 4 a.	2 »»
Le Bas de Laine, c. 3 a.	2 »»
La Dispense, c. 3 a.	2 »»
Le Codicille, c. 1 a.	1 50
La Marocaine, o. c. 3	2 »»
L'Auberge du Soleil-d'Or, c. 1 a.	1 50
Un Rival au Berceau, c. 1 a.	1 50
Rienzi, o. 3 a.	1 50

	fr. c.
Le Saïs, o. c. 4 a.	1 50
La Fille du Tambour-Major, o. c. 3 a.	2 »»
La Parole de Birbansac, c. 1 a.	1 50
Plus de Têtes chauves ! v. 1 a.	1 »»
L'Irrésistible. c. 1 a.	1 50
Le Lapin, c. 3 a.	2 »»
Casque en fer, d. 5 a.	2 »»
La Girouette, o. c. 3 a.	2 »»
Le Siège de Grenade v. 4 a.	2 »»
Un Homme fort, s. v. p. v. 1 a.	1 50
Les six parties du Monde	2 »»
Le Régiment de Champagne, dr. 5 a.	2 »»
Le Premier Avril, c. 1 a.	1 50
Perfide comme l'Onde, c. 1 a.	1 50
La Marjolaine o. c. 3. a.	2 »»
La Jolie Parfumeuse, o. c. 3 a.	2 »»
La Petite Mariée, o. c. 3 a.	2 »»
Le Coucou, c. 3 a.	2 »»
La Femme de Chambre, c. 3 a.	2 »»
Une Innocente, c. 1. a.	1 50
Une Mission délicate, c. 1 a.	1 50
Le Grand-Père, d. 1 a.	1 »»
Histoire du vieux temps, c. 1 a.	1 »»
La Bosse du Vol, c. 1. a.	1 »»
Histoires de Femmes, c. 1 a.	1 »»
La Petite Muette, o. c. 3 a.	2 »»
Le Roman d'un Méridional, c. 3 a.	2 »»
Le Pont d'Avignon, o. c. 3 a.	2 »»

Paris. — Imprimerie de l'ÉTOILE. BOUDET, directeur, rue Cassette. 1.